De la même auteure

La vie n'est pas une course, Québec Amérique, 2019.

LÉA
STRÉLISKI

LA RECETTE DE L'AMOUR

Québec Amérique

Projet dirigé par Stéphane Dompierre, éditeur

Conception graphique et mise en pages : Nathalie Caron
Révision linguistique : Sabrina Raymond et Élyse-Andrée Héroux
Illustration en couverture : ebe_dsgn / shutterstock.com

Québec Amérique
7240, rue Saint-Hubert
Montréal (Québec) Canada H2R 2N1
Téléphone : 514 499-3000

Nous reconnaissons l'aide financière du gouvernement du Canada.

Nous remercions le Conseil des arts du Canada de son soutien.
We acknowledge the support of the Canada Council for the Arts.

Nous tenons également à remercier la SODEC pour son appui financier. Gouvernement du Québec – Programme de crédit d'impôt pour l'édition de livres – Gestion SODEC.

Canada | Conseil des arts du Canada | Canada Council for the Arts | SODEC Québec

Catalogage avant publication de Bibliothèque et Archives nationales du Québec et Bibliothèque et Archives Canada

Titre : La recette de l'amour / Léa Stréliski.
Noms : Stréliski, Léa, auteur.
Identifiants : Canadiana (livre imprimé) 20220033293 | Canadiana (livre numérique) 20220033307 | ISBN 9782764449158 | ISBN 9782764449165 (PDF) | ISBN 9782764449172 (EPUB)
Vedettes-matière : RVM : Amour. | RVM : Stréliski, Léa, | RVM : Femmes humoristes—Québec (Province)—Biographies. | RVMGF : Autobiographies.
Classification : LCC BF575.L8 S77 2023 | CDD 152.4/1—dc23

Dépôt légal, Bibliothèque et Archives nationales du Québec, 2023
Dépôt légal, Bibliothèque et Archives du Canada, 2023

quebec-amerique.com

Imprimé au Canada

À Pierre Alexandre, qui d’autre.

He used to do surgery
For girls in the eighties
But gravity always wins

— Radiohead,
Fake Plastic Trees

1
L'orchestre s'accorde

Je le connaissais d'avant. Mais c'est le punk en lui qui m'a finalement séduite. Son regard sur la vie. C'est à ça que j'ai dit oui. C'est ça qui m'intriguait. Qui m'attirait. C'est pour ça que je suis allée le rencontrer sous le petit pont. C'est là qu'il m'avait donné rendez-vous. Sous le petit pont blanc dans le parc Saint-Viateur à Outremont. Je trouvais ça original que ça soit *sous* le pont et non pas *sur* le pont. Mais c'est vrai que c'était le début du printemps. L'époque où tout bourgeonne et où les employés de la Ville n'ont pas encore rempli l'étang. Il est donc sec et on peut le traverser à pied pour aller s'asseoir *sous* le petit pont qui le traverse.

Il m'attendait là, assis avec un sac jaune en plastique à la main. Ce sac, je le découvrirais bientôt, contenait un livre : *Tous les noms*, de José Saramago. Il voulait me l'offrir pour souligner cette journée. Ce premier jour. « Qui vivra verra », avait-il signé dedans. Suivi d'un adorable post-scriptum : « Ma main shake. »

Je sais pourquoi sa main shakait en m'écrivant ce petit mot, c'est parce qu'il n'y a rien qui nous rend plus vulnérables que de s'avancer vers un premier rendez-vous. D'aller vers ce jour qui changera peut-être tous les autres. Quelle arrogance de la vie de nous faire ça. Qu'elle sache avant nous que certains instants nous transforment. Qu'elle fasse lever le soleil sur des jours qui ne seront pas comme les autres. Et qu'elle nous regarde nous pointer à ces rendez-vous comme un enfant suit une fourmi.

À l'époque, j'étais une sorte de poupée. Comme une poupée maladroite. Une poupée qui cachait derrière son manteau de cuir à la mode qu'au fond elle n'était pas grand-chose. Je m'étais fait une armure artificielle pour feindre une certaine force et j'affichais mon habituel « rien ne m'atteint ». Je suis au-dessus de ce qui m'arrive. J'ai entièrement le contrôle. C'est à ça que je jouais. Mais en vérité, en arrivant dans le parc ce jour-là, j'avais la trouille. J'avais terriblement peur de me rappeler que la vie est plus grande que moi. Peur de descendre la dernière petite butte qui me protégeait du grand saut. Du vertige.

Mais c'est qui, lui ? C'est qui ce gars qui m'attend là, assis sous un pont avec un sac jaune ? C'est qui ?

Je me suis avancée vers lui et après m'avoir fait un signe de la main, il a tendrement dit: «Ah, t'es venue?» Comme si j'allais ne pas venir! Comme si quand un mec t'écrivait passionnément, intimement, en te faisant rire pendant quinze jours, t'allais juste ne pas te pointer. Juste ne pas aller vérifier ce qu'il y a là. Lui poser un lapin.

Il était nerveux. Moi aussi. La dernière fois qu'on s'était vus, on avait 12 ans. Et là, on en avait 25. On n'avait jamais encore entendu nos voix d'adultes, on connaissait par deux-trois photos Facebook à peu près la tête que l'on avait maintenant, mais il restait vraiment tout à découvrir. On était tous les deux hébétés. Mais juste observer quelqu'un sans dire un mot, c'est non. Il fallait parler! Il fallait dire quelque chose! Des choses qui sonneraient bêtes, qui ne seraient pas les bonnes, mais des choses quand même. Ne serait-ce que pour présenter nos voix. Ça faisait quinze jours qu'on s'écrivait. On devait maintenant passer à l'oral. Mais à l'écrit tu peux réfléchir, tu peux effacer, corriger, revenir en arrière! À l'oral, non! T'es jeté dans l'inconnu. Tout ce qui sort de ta bouche est entendu. Tu peux rien reprendre! Pas le choix, il fallait parler.

Parler franchement. Parler sans juste aligner des phrases pour paraître cool. Sans me dire: tout va bien, je suis cette fille au-dessus de cette rencontre. Ça ne m'affecte en rien.

J'ai toujours fait ça. J'ai cette espèce de mécanisme de défense dans ma tête. Comme une barrière. Une écluse qui retient mes sentiments. Ça me permet de me couper de ce que je ressens. C'est fait pour me protéger de la souffrance et ça fonctionne. Ça me retranche du négatif, mais mauvaise nouvelle, ça me coupe aussi du positif. Ça me donne l'air snob. Malgré moi. J'ai l'air d'un chat hautain. Un félin perché sur son calorifère qui observe tout d'un œil. « Ça ne me dit rien de bon, tout ça. » C'est généralement la gueule que j'ai. Laissez-moi le soin de juger à l'avance. D'anticiper, comme ça je ne devrai pas avoir l'humilité de me faire surprendre par quoi que ce soit. Telle était l'arrogance de ma jeunesse. Quand je pensais que « je savais ». Cette posture, ça ne fait pas des rencontres fortes. On pense que cet ego nous protège, mais au fond, ça nous éloigne. Ça nous tient à l'écart. Ça nous enferme. Ça nous empêche d'être vraiment présents, incarnés. De ressentir ce qui nous revient. Comme un arbre emballé qui aurait trop peur de bouger dans le vent. Le souffle de la vie est pourtant bon. Pourquoi on s'en prive ? On redoute ce qu'il amène. Il nous a secoués trop fort. Alors tant pis, on le congédie et on s'en méfie.

Mais la promesse d'une vie comme ça, c'est quoi ? S'isoler ? Rester dans la noirceur pour pas que le jour nous pique les yeux ? C'est ça, la vie qu'on veut mener ? Ne pas avoir le courage d'aller vers les autres ? Vouloir rester dans sa tête plutôt qu'oser la rencontre ? C'est une bien triste vie, d'être pleutre.

De se réfugier dans ce que l'on connaît et de passer à côté de ce qui nous revient. Notre essence, notre histoire.

Alors il faut le faire, ce premier pas.

Maintenant que j'avais osé descendre la petite butte du parc, j'allais me laisser prendre par ce printemps qui voulait naître. J'entendais ses tambours au loin. Ses instruments qui s'accordent avant que commence la musique de l'orchestre. Je voulais pour une fois me risquer à suivre la cadence. Ne plus avoir peur : vaste programme.

— Ben oui, je suis venue.

Il était blond avec des cheveux épais qui tenaient sans trop d'efforts en l'air. On voyait qu'il s'était préparé, il avait l'air d'un poète un peu punk. Mais pas un poète con avec une écharpe. Pas un poète qui se la joue ou qui est vaguement dépressif parce qu'il trouve que ça fait cool. Pas un dude qui fait des rimes dans une soirée open mic pour se pogner des filles ou qui s'est inscrit comme étudiant libre à l'UQAM pour pouvoir porter un béret. J'avais juste le sentiment qu'il vivait sur un autre temps que ce que j'avais connu. Je ne le savais pas encore, mais c'est ce qui me plaisait chez lui. Je ne pouvais pas le savoir parce que je ne me connaissais pas. Je ne savais rien de l'amour. J'ignorais à partir de quel bout de nous on tombe amoureux. Jusque-là, j'avais surtout joué à l'amour. Je m'étais amourachée d'hommes qui ressemblaient à ce que je pensais qu'était l'amour. J'étais attirée par ce qui m'était familier. Des mecs à la mode. Des hommes qui suivaient, inconsciemment, ce qui est tendance. Des gars qui, au fond, comme moi, n'avaient aucune idée de qui ils étaient.

« On tombe amoureux à notre niveau de confiance en nous. » J'ai lu ça quelque part. C'est pour ça que lorsqu'il y en a un des deux qui gagne en confiance, parfois la relation se brise. Lorsque l'un se sort d'un marasme, va vers plus d'amour-propre, il arrive que le lien se casse. Si deux alcooliques boivent ensemble et y en a un des deux qui décide d'arrêter l'alcool, soit ils rompent, soit celui qui voulait s'en sortir décide finalement de maintenir la relation et donc recommence l'alcool pour sauver le lien.

Moi, je tombais amoureuse d'hommes narcissiques qui ne se connaissaient pas beaucoup. Qui en étaient au même niveau de capacité d'intimité que moi. C'est-à-dire pas grand-chose. J'étais attirée par leur physique. Par ce qu'ils dégageaient. Ou ce qu'ils représentaient. Un standing, une promesse marketing ou je ne sais pas quoi. Je devais me dire « si je sors avec de tels hommes, ça veut dire que je suis importante. Que je suis belle. Que j'existe ».

En bref, c'était enfantin. Ma définition de l'amour était, sans que je le sache, complètement nulle. Bien sûr, si on m'avait demandé ce qu'était ma définition, je n'aurais jamais répondu quelque chose d'aussi superficiel. En fait, je n'aurais probablement pas su quoi répondre. Mais ce que je connaissais, c'était l'importance d'avoir un amoureux.

Un chum, c'était pour moi primordial d'en avoir un. C'était même pas que j'en voulais un, c'est juste que depuis ma première année du primaire, j'avais toujours eu en tête un garçon. Comme s'il s'installait rapidement en moi une cible. Ça avait toujours été ma quête première. Je devais occuper mes pensées d'un but à atteindre. Alors je choisissais un candidat de manière assez superflue ou sinon, il y en avait un qui finissait lui-même par apparaître et habiter mes pensées.

Il devait toujours y avoir quelqu'un à conquérir. Tôt, aucun de ces mots ne se définissait ainsi. Ça n'était qu'une sensation. Mais un impératif pour rendre l'école moins pénible. La vie scolaire naviguait d'insupportable à tolérable à parfois excitant. Et dans le hors du commun, il y avait la possibilité de passer du temps avec le garçon qui m'intéressait le plus.

Je ne sais pas vraiment ce que ça prenait pour m'intéresser en première année du primaire, mais en tout cas ceux qui retenaient mon attention devaient être blonds. Ils l'étaient presque toujours parce que dans les films et les séries qui s'adressaient à moi petite, le garçon le plus populaire de l'école avait les cheveux de cette couleur-là. Il était blond, il avait les yeux bleus et arborait de manière princière une coupe champignon. Deux mèches lui tombaient de chaque côté du visage et quand il n'était pas Macaulay Culkin, il devenait Devon Sawa puis Leonardo DiCaprio. L'ange blond, c'était la promesse qu'il y ait garçon.

L'espoir, voilà bien ce qui fait avancer le calendrier scolaire. Ces longues journées où, enfant, on décide de pas grand-chose. Tu peux choisir ton linge, si on ne te colle pas d'uniforme, choisir où t'asseoir dans l'autobus scolaire... Adopter un groupe d'amis. C'est à peu près tout. Et puis, il te reste ta tête, oui. Tu élis tes pensées. Tu peux meubler l'intérieur de ton crâne comme ça te tente. Puis plus tard, tu peux noircir ton carnet secret avec les mots que tu as. Je vais écrire son nom. Je vais mettre ici le nom du petit blond et personne ne le saura. Personne ne devinera qu'il est mon espoir. Qu'il est ce qui rend l'école endurable.

J'espère qu'il me parlera. J'espère que les journées seront des carrefours où l'on se croisera. Que la prof décidera de me séparer d'une amie avec qui je placote trop et que le destin fera que je partagerai mon pupitre avec lui. Tels étaient les espoirs d'une fille de première année. Que le hasard joue ses cartes en sa faveur.

Puis la vie avance et ce qu'on gagne en liberté, on le perd à cause du regard des gens. Que penseront les autres si je suis amoureuse d'un garçon ? Se moquera-t-on ? S'en servira-t-on contre moi ? Je ne serais jamais capable d'exposer de tels secrets. Personne ne mérite de les entendre. Ils vont rester cachés au plus profond de mon être et j'irai à l'école avec, comme j'apporte ma boîte à lunch. Avoir le contrôle sur ses secrets, c'est déjà ça.

C'est avec tout mon monde intime bien enfoui que je me pointais sous le petit pont. Avec un peu de méfiance aussi. Non pas envers lui, mais envers la vie. Je regardais cet épisode avec une sorte de moue dubitative. Voir que je vais m'avancer sous le pont romantique d'un parc après avoir retrouvé le garçon que j'aimais à 9 ans et que, comme par magie, ça sera lui. Le prince. L'élu. L'homme de ma vie.

À qui ça arrive ce genre de truc ? À personne.

2
L'amour dans les tranchées

On s'aimait en troisième année du primaire. Je le lui cachais et il me le cachait aussi. Je me doutais que l'on s'aimait, mais jamais je n'aurais osé affirmer un truc pareil. Et puis, avouer son amour pour faire quoi exactement ? Se tenir la main ? S'embrasser comme dans les films ? Si vous avez vu *L'Été de mes onze ans* où le petit garçon (blond, coupe champignon) meurt à la fin, vous savez que l'amour, comme les abeilles, ça pique.

Non merci. Je vais garder tout ça pour moi, ça ira. Je ne le disais même pas à mes copines. J'avais bien un journal intime. Parfumé. Qu'on m'avait offert à Noël vers mes 7 ans. Avec une bicyclette dessus et un panier chargé de fleurs. Je l'ai encore. On y voit l'évolution de ma calligraphie et de ma vie amoureuse depuis 1991.

Le mardi 5 mars 91.
Aujourd'hui à l'école je suis sortie dehors et

Jean-Guillaume est venue me poser une question. Il m'a demandé comment je trouvais deux garçon. Félix et Pierre-Alexandre. J'ai répondue que Félix était laid mais je voulais dire trop sérieux et que Pierre-Alexandre était mon ami (mais je l'aime un peu beaucoup).

J'étais très loin de me douter que ce Pierre Alexandre, qui s'écrit en réalité sans trait d'union, était le futur père de mes enfants. J'étais aussi à des lustres de m'imaginer que nous allions nous marier. J'aimerais vous rappeler comment se vivait l'amour à l'époque. Nous le vivions sous forme de tranchées. Les garçons d'un côté, les filles de l'autre. Oui, bien sûr, il y avait toujours un ou deux précoces qui se risquaient à se tenir la main, à « s'afficher », mais ceux-là étaient fous. Sûrement tombés sur la tête. Non, l'amour quand on est enfant, c'est au mieux inexistant, sinon dégueulasse ou complètement tabou. C'est comme ça que je le vivais.

Cette anecdote de cour de récré était donc pour moi loin d'être anodine, elle était une cerise sur un gâteau qui était le même tous les jours : l'école. C'était inimaginable que les rangs soient rompus et que ce fameux Jean-Guillaume parte en centurion éclaireur et s'en aille tout bonnement chez les filles, de *notre* côté de la cour, dans *notre* fort de neige. Impossible.

Pourtant, cette question m'avait été posée, les tranchées avaient été traversées et avec cela, ma curiosité piquée. Pourquoi me questionnait-on au nom de « mon » Pierre Alexandre ? Était-ce possible qu'il pensait à moi comme je pensais à lui ?

3
Le cours de musique de madame Chépuqui

« Léa, c'est toi qui commences. Choisis. »

Je l'ai raconté avant la première danse à notre mariage. Enceinte de sept mois, j'ai fait un discours timide et essoufflé. Mais je voulais raconter à nos convives la fois où, en troisième année, Pierre Alexandre et moi avons foulé la piste de danse.

Quand il m'a retrouvée sur Facebook quelques semaines avant notre premier rendez-vous, c'est ce qu'il m'a écrit pour me faire sa demande d'amitié : « Salut Léa, je sais pas si tu te souviens de moi... On a dansé ensemble en troisième année et depuis t'es mon modèle féminin. »

Moi, 25 ans sonnant, célibataire depuis plus de deux ans et demi, couchée au beau milieu d'un appartement trop cher que j'avais acheté et décidé de rénover sans argent, échouée dans un lit où mon chat avait peut-être fait pipi puisque tout était assez sale pour ressembler à une litière... J'avais du mal à voir sous quel angle exactement j'étais un modèle féminin. Mais qu'à cela ne tienne, j'allais répondre.

Facebook à l'époque, en 2007, en était à ses balbutiements. On s'en servait comme d'une plateforme numérique sur laquelle on pouvait voir les photos de vacances des gens et accessoirement aller découvrir la tête qu'avaient maintenant ceux avec qui on était allé au primaire.

Maintenant que l'on est mariés, il m'assure qu'à son inscription sur Facebook, je faisais partie des premières qu'il a cherchées.

J'ignore quelles « autres » il avait tenté de retrouver (non en fait, je le sais, qu'elles brûlent), mais ce que je sais c'est qu'avec ma tête de juive polonaise, quand il a tapé mon nom complet dans le grand ordinateur de la vie, je suis la seule fiche qui est sortie. « C'est elle. »

« On avait des danses en troisième année du primaire ? » Je me souvenais de lui, bien sûr, mais d'avoir dansé ? Et c'est là qu'il m'a rappelé l'événement.

Un fait divers au départ cruel. Devoir se choisir un partenaire en cours de musique. Devant les autres ! Ces autres, nos pairs qui avaient à l'époque tant de poids dans nos choix. Surtout ne pas être un paria, tenter comme on peut de sonder la classe et ce qui est acceptable dans le moment pour essayer de se conformer. Tel est l'enjeu de la jungle de l'école primaire.

Qu'est-ce qui avait donc pu passer par la tête de cette prof, cette fameuse madame Chépuqui, pour nous confronter à une épreuve pareille ? Apprendre à danser le rigodon, non seulement devant les autres, mais en plus à deux, et pire que tout, avec le sexe opposé ?! C'est quoi, c'est Ovila Pronovost qui vous monte à la tête, Madame ? Faut dire qu'on était en pleine fièvre de la série *Les Filles de Caleb* qui passait pour la première fois chaque semaine. J'étais hypnotisée comme toutes les filles de ma classe par Roy Dupuis, nous en parlions le lendemain de chaque épisode dans l'autobus scolaire en gloussant comme si un beau prof masculin entrait en classe.

« Quand elle nous a alignés contre le tableau pour préparer le rigodon, je me rappelle qu'on se tortillait comme des vieux journaux qui flambent, attendant le supplice de se faire choisir par une fille comme si on nous avait placés là pour nous fusiller. »

Telle va l'imagination de mon mari qui se souvient de cet épisode comme d'un vieux film de nazis. Ma torture était autre. Le sort voulut, c'est-à-dire la prof voulut, que ce fût moi qui sois désignée pour choisir la première.

« Moi ? »

Tout le monde me regardait. Il fallait donner l'exemple. Comme si on nous avait dit un matin, sans préparation, tout habillés : Maintenant vous vous mettez en maillot et vous montez sur le plus haut des plongeoirs. Léa, tu commences.

Je vais devoir monter à l'échelle. Grimper, ne pas regarder en arrière et sauter. Je suis la première, donc va falloir que je sois la plus courageuse. Que je donne le ton. Les autres me regardent pour voir comment je fais.

L'aventure était d'autant plus périlleuse que je savais ce que toutes les commères regardaient. Je comprenais le dilemme que posait la position de première. Si j'ai le choix entre tous les garçons de la classe, c'est que forcément mon choix ne sera pas fait par défaut. Mais bien par goût. Celui que je choisirai sera inévitablement avoué l'élu de mon cœur, mon préféré, celui que, parmi tous les autres, je place en haut de la liste. Mon appelé.

Ça fait trop de secrets à révéler par un mardi matin gris et anonyme. Alors tant pis, je vais choisir un garçon qui ne me plaît pas, que je déteste, qui est en bas de l'inventaire, celui qui sent un peu le pipi, qui mâche sa gomme à effacer et la recrache dans l'espace de son pupitre où placer ses crayons. Je vais le choisir lui. Comme ça, mon intimité sera sauve. Cette société n'aura pas ma peau. Cette pression scolaire n'aura pas ce que j'ai de plus cher, je protégerai la chair de mes secrets contre la froideur des cancans de ce monde !

Mais… si je me fâche et agis de cette manière stratégique… je devrai danser avec un garçon que je déteste. Je me priverai d'un moment que m'offre la vie. Je m'affamerai de cette occasion qui ne se reproduira jamais. De cet instant T où les deux plateformes d'un jeu vidéo se frôlent et qu'il faut sauter ou tomber à sa perte. Alors je vais le faire, je vais crier :

« Pierre Alexandre ! »

Il y a des fois où le cœur doit arracher le micro. Pierre Alexandre, c'est avec Pierre Alexandre que je veux danser.

Si quand on meurt on a le droit d'aller revoir un seul moment de sa vie, c'est ce souvenir que je veux revoir. Ces quelques secondes où j'ai prononcé son nom en le pointant du doigt et où il a fait un petit « yesss » en serrant le poing comme dans une sitcom des années 1990. Je veux revoir cet épisode où j'ai compris, par sa réaction, que lui aussi, en silence, m'aimait « un peu beaucoup ».

À 9 ans, c'était donc ce jour-là que nous avions dansé ensemble, comme il me le rappelait dans son message. Je me rappelle que nous avions surtout pu rester proches l'un de l'autre, le temps qu'après nous tous les autres couples se forment. Nous avions parlé et ri, puis en nous prenant par le coude au son d'un violon digne d'une soirée canadienne, nous avions volé un moment à la monotonie rangée de l'école primaire.

4
Sous le pont

— Mais bien sûr que je suis venue.

J'avais peur, mais il n'y a pas une seconde où je m'étais dit que je n'irais pas au rendez-vous. Je le devais au moins à la fille que j'étais en troisième année. J'ai pris le sac jaune qu'il me tendait, j'ai découvert le livre qu'il m'offrait. J'ai lu son « Qui vivra verra » en ayant le vertige et nous avons entamé ce bout de notre vie avec tout ce qu'il restait à voir et à vivre.

Il fallait commencer quelque part. Il avait apporté un minuscule joint qu'il a sorti de sa poche. Il croyait que j'en consommais à cause d'une blague que j'avais faite dans nos aventures épistolaires. Je ne fumais pas vraiment, mais en même temps, je ne savais pas non plus qui j'étais. Donc peut-être que je fumais, en fait tout m'allait. Plus détendus, nous avons parlé à peu près de rien, le sentiment entre nous était déjà présent, mais caché en profondeur. À la surface, on devait avoir l'air de deux personnes qui tentent de communiquer, mais font à peine de sens. Notre certitude d'en dessous, ce sentiment de s'être trouvés nous criait dans les oreilles, mais il fallait l'actualiser dans le réel. J'imagine que beaucoup de gens traversent cette impression de nos jours, cette différence entre le virtuel et le monde comme il est. On a beau s'écrire ou se créer une relation en ligne, une fois qu'on est face à face, il y a du travail de rattrapage à faire. Une nouvelle dimension dans laquelle il faut s'apprivoiser. C'est étrange.

Le prétexte de notre rencontre était d'aller manger une crème glacée. C'est pour cette glace qu'il avait eu le courage d'enfin me donner rendez-vous. De me voir en vrai. Nous irions célébrer le printemps en allant au Bilboquet. Le glacier de notre enfance. Il est à la même adresse, au même endroit depuis que l'on est petits, et quand on était petits, on y avait fait une sortie scolaire.

À la fin de ma troisième année du primaire, j'ai déménagé à Paris. J'ai quitté Pierre Alexandre et je suis partie loin de tout ce que je connaissais. On est retournés en France, le pays d'origine de mon père. La seule fois où je suis revenue voir mes amis et mon ancienne école, c'était à la fin de la sixième année, en accompagnant quelques jours mon père dans un voyage d'affaires. Quel merveilleux interlude montréalais à mon enfer parisien. Paris dans les années 1990 était bruyante, polluée et surtout, pour la petite Montréalaise que j'étais, stressante. J'y avais le sentiment que tout était un combat. Qu'il fallait perpétuellement se battre pour sa place. Jouer du coude pour un strapontin dans le métro, trouver la bonne formulation pour que le chauffeur de taxi nous rende la monnaie, et par-dessus tout apprendre à ne jamais entrer dans un bistro pour demander un simple verre d'eau ou les toilettes au risque de passer pour une paria, ou pire, pour une touriste. Je trouvais les gens brusques, impatients, et bien que nous vivions maintenant dans l'une des plus belles villes du monde, Montréal me manquait terriblement. Mes parents s'en doutaient et avaient donc décidé pour tenter de me redonner le moral de m'offrir cette pause dans ma ville natale.

J'avais une chambre d'hôtel en haut d'une tour, j'avais pu rater quelques jours d'école pour me joindre à mon père, ce qui, quand tu es l'enfant d'un homme qui travaille beaucoup, n'arrive tout simplement pas. En plus, j'ai un frère et une sœur ; si tu n'es pas enfant unique, tu sais qu'avoir un parent juste pour toi est un concept qui est rare. Alors rater l'école, être seule avec mon père et en plus avoir accès à notre ancienne vie que je regrettais tant, ce Montréal qui m'avait vue naître, mon vrai chez-moi, puis repénétrer dans l'école où j'avais laissé ce que je considérais comme ma vie normale, c'était une oasis qui relevait du mirage. Une nouvelle bulle volée au temps.

On s'était donc revus subitement. J'avais resurgi après trois ans. Il faut se remettre dans la peau d'un enfant pour comprendre qu'à ce jeune âge on sait pertinemment que l'on n'est pas maître de son destin. Les décisions d'adultes chamboulent nos petites vies et nous savons que nous n'avons pas de pouvoir sur les situations. C'était donc inespéré d'avoir la chance de se revoir. Juste comme ça, pouf, j'étais réapparue. Il en avait eu vent le matin même, me dit-il. « Si j'avais su la veille que tu t'en venais, j'aurais pu, je sais pas, mettre des faux Doc Martens, me préparer un brin ! Emprunter un t-shirt cool à mon grand frère, quelque chose ! » Mais la panique était là, j'arrivais là, là.

Je me souviens d'avoir descendu la pente qui menait à la cour d'école prise d'un sentiment de fierté – parce que je savais que j'étais attendue – et de timidité. C'était spécial de pouvoir revoir toute ma gang, c'était particulier d'être la revenante. J'aimais aussi ce concept unique : quand on retourne dans une ancienne école, on n'a aucunement le poids du travail, des consignes, des règles qui y sont associées. Après tout, ça n'est pas ton école ! Mais c'est encore familier. Il ne reste que ce qui est le fun de l'école : le social. Je me sentais choyée. Admirée, même.

Je pense aussi que je savais que je lui plaisais. J'avais maintenant 12 ans. Et la différence entre une fille de 9 et une fille de 12, c'est que celle de 12 a commencé à comprendre, à intégrer qu'elle plaît.

Cela lui procure un certain pouvoir. Une assurance. Le danger, c'est la suffisance. De se sentir au-dessus des autres. C'est un risque parce que d'abord, ajouter une fille hautaine sur la terre n'est jamais souhaitable, mais aussi parce que cela nous prive du contact réel avec les gens. Au fond, ça nous retranche du sens que peut prendre notre vie et de la possibilité de rester curieuse, ouverte. Humble. Ce qui est tellement plus riche.

J'avais déjà commencé à l'époque à me protéger, à garder un bras de distance avec tout ce que j'aimais. C'était un mécanisme de défense, auquel j'ai longtemps eu recours. Pour ne pas trop ressentir. Tout maintenir tiède. Je crois que les enfants se mettent graduellement à faire ça à force de subir des revers de la vie. Le divorce des parents, les déracinements, le père Noël qui n'existe pas, et je ne rentre même pas dans l'horreur pure et simple des guerres ou des coins du monde qui te volent ton innocence avant même que tu naisses. Le déménagement, les nombreux changements d'école qu'on m'a fait subir enfant ont fini par me faire avoir une carapace. Et quand j'ai revu Pierre Alexandre en sixième, je voulais de tout cœur m'amuser le plus possible avec lui, mais je me protégeais déjà. Je savais qu'à la fin de ces quatre jours, minuit sonnerait. Et que mon carrosse de Cendrillon se transformerait en avion pour la France. Je ne voulais pas me sentir à nouveau déchirée. Alors je riais, mais ça me faisait mal.

Je me souviens qu'il connaissait toute la chanson *Mon prof de gym* de François Pérusse. C'était le numéro qu'il préparait pour son spectacle de fin d'année. Je me rappelle de lui dans sa casquette des Expos et d'avoir été charmée parce qu'il était drôle et original. Différent. Il était plus naturel que les autres garçons à qui je sentais plaire. Il n'essayait pas d'être cool ou le plus fort. Il chantait sa chanson devant moi avec un certain plaisir et un peu de maladresse, joyeux de voir que ça me faisait rire mais tout de même assez conscient pour se demander « est-ce que j'ai l'air con ? ». Et c'est ça qui me plaisait. Il avait le courage de s'exposer.

Je n'aurais jamais bien sûr été capable à 12 ans de le nommer en ces termes, mais avec le recul, je sais qu'à ce jour c'est ce qui me plaît encore. Sa capacité à vivre sans carapace. À oser se présenter comme il est, conscient de la fragilité que ça représente. On pense à tort que l'assurance est ce qu'il y a de plus bandant. L'assurance chez les autres, oui ça nous rassure. La force. Ce qui en jette. Ça a un côté sexy, c'est ce que socialement on préfère. Ce qu'on met de l'avant pour se pavaner. On n'est pas fous, tout le monde se vend avec son bon profil, personne n'a envie de se présenter avec la grosse face en contre-plongée qui apparaît quand on actionne par erreur la caméra de son téléphone. On préfère notre côté qui brille. Alors on frime : J'occupe cette fonction. Je gagne tant par année. Regardez mon décolleté. Je connais ces gens-là. Voici ma voiture. Mes cheveux sont parfaits. J'ai des muscles. Mes vacances ressemblent à ça. Regarde-moi, je suis dans la nature ! Je fais du yoga. Mes fesses sont bombées, le vois-tu ? Voici tout mon extérieur, tout ce que j'aimerais que tu croies que je suis, c'est ma parade nuptiale ! Choisis-moi ! Choisis-moi, je t'en supplie.

Je ne dis pas qu'il faut pour trouver un bon partenaire de vie se montrer en train de jeter tous les tupperwares pourris qu'on enfonce depuis des semaines dans le fond du frigo, ou d'exposer, par souci de transparence, les cheveux qu'on retire du drain de notre bain. Je ne dis pas de se la jouer hippie, la vie est ce qu'elle est, carpe diem, kumbaya, salutation au soleil. Pas besoin de faire semblant d'être dans une secte des années 1970 pour trouver l'amour, mais je pense que le vrai contact intime qui dure ne se tisse pas à partir d'une carapace de mécanismes de défense bien rodés. On tombe amoureux en liant notre vérité à celle de l'autre. On ne tombe pas amoureux d'un ego, d'une enveloppe. D'un prix ou d'un trophée. Ça, ça fait des relations éphémères et ennuyeuses. Des liens qui fonctionnent pendant un bout de temps, parce qu'on performe. Parce que ça fait beau. Parce que sur papier, ça marche. Ken et Barbie vont bien ensemble dans l'emballage. Mais quand tu les sors de la boîte, ils s'emmerdent. Quand ils ont fini de faire des selfies et des statuts sur leur amour bla bla bla, dans les faits ils ne savent pas trop pourquoi ils sont ensemble.

Je sais pourquoi je suis avec mon mari. Je sais que tout mon être, tous les jours, veut être avec lui. C'est ce que je suis qui est attiré par ce qu'il est. J'en suis sûre. Mais la vérité c'est que je ne sais absolument pas pourquoi. C'est un mystère. Qu'est-ce qui fait que la confiture de cellules que je suis va merveilleusement bien avec la formule qui le constitue lui, je l'ignore. Mais visiblement, il y a des éléments dans notre monde qui vont juste bien ensemble. Inexplicablement, et je l'ai observé chez bien d'autres gens, la formule mathématique « cet être + cet être = une bonne idée » fonctionne. On sait que c'est vrai parce que l'inverse existe. L'équation « cet être + cet être = un désastre », on l'a tous observée aussi. Pour ce qui est de la recette gagnante qui nous intéresse, je dirais que les gens avec qui on a le plus grand potentiel amoureux ne sont pas ceux qui nous ressemblent ou avec qui on a plein de choses en commun, mais bien ceux avec qui on a le plus la possibilité de grandir. Pour une raison de chimie occulte, je sens que j'ai l'espace d'être entièrement moi quand je suis en contact avec mon mari. Et j'imagine que c'est la même chose de son côté. Lorsqu'on se mélange, en parlant, en vivant côte à côte, en mixant nos deux vies, ce que l'on crée est plus grand que la somme des parties. Pourquoi ? Je n'en sais strictement rien et ça n'a pas d'importance. C'est ce que je préfère de l'amour, c'est là, et on s'en fout pourquoi.

5
Le mystère comme quotidien

Le mystère, c'est bien ce que je préférais chez lui et c'est ce que j'aime encore. Un grand sage, c'est-à-dire mon psy, me disait, du haut de ses 83 ans et après plus de quarante ans passés auprès de sa femme: « Je me réveille tous les matins en la regardant comme si je ne la connaissais pas. » J'ai le vertige quand je pense à ça. Ça me trouble parce que ça prend beaucoup de courage de ne pas partir du principe que l'on connaît quelqu'un. De lui laisser la liberté d'être un paysage changeant. De ne pas s'en remettre à des étiquettes. Oser ne pas connaître l'autre, pour lui laisser le luxe de son moment présent, bien sûr je n'y arrive pas tout le temps. Moi, je veux savoir. Je veux le confort de la routine. Je me cache dedans. Anticiper ce qui va se passer, j'aime le réconfort de la neige prévisible en hiver. Prédire qu'elle va venir, comme chaque année, me plaît. Ça me rassure. Alors évidemment, ce que l'on aime des relations qui durent, c'est ce réconfort. C'est savoir que l'autre est là. Qu'il fait partie de notre vie, de notre décor. Que l'on finit par être associés, qu'il est constant comme une pièce de notre maison. Que l'on peut s'y fier.

Mon mari est meilleur que moi pour se souvenir que la vie passe. J'ai le luxe d'entretenir à ce jour une certaine naïveté par rapport à la finitude de notre existence. Je pense que c'est parce que je n'ai pas encore perdu d'être cher. Oui, bien sûr, j'ai dû dire adieu à mes deux grands-pères et la douleur est encore là, mais perdre des grands-parents est dans l'ordre des choses. On connaît cette suite logique. Mon mari lui quand il avait 20 ans, et qu'il n'était donc pas encore mon mari, a dû dire adieu à son amoureuse. Elle est morte renversée par une voiture à l'autre bout du monde, alors qu'elle était en voyage sans lui. Patatras. Son univers, ses certitudes, tout s'est écroulé. Tout ce qu'il avait échafaudé jusque-là, ce qu'il pensait être, ce qu'il croyait sur la vie, son rapport aux gens, le choc a tout fait foutre le camp. Il s'est retrouvé bouleversé, en mille miettes. Éclaté.

Qu'est-ce qu'on fait à 20 ans quand on se rend compte que la vie peut se terminer abruptement ? Sans aucune justice. Pour rien. Sans explication, sans raison, sans faire aucun sens. La jeunesse c'est fait pour se croire immortel. C'est fait pour jouer, pour niaiser, pour jouir de notre inconscience, de notre cerveau à peine terminé et de ce corps neuf, vaillant et qui fonctionne ! Alors après une tragédie pareille, où on range ce sentiment d'immortalité ?

Dans quelle poche on met le « ça n'arrive qu'aux autres », dans quel tiroir on archive son fameux « j'ai le temps » ?... Finalement, non, on n'a pas le temps.

Cette épreuve l'a métamorphosé, bien sûr, mais ça lui a aussi donné accès à une compréhension de la vie que j'ai vue chez peu de gens. Parfois je me demande si tout son courage ne vient pas de ce choc. Comme une capacité à toujours revenir à l'essentiel. Lui qui, de nature, ne s'enfargeait déjà pas dans les fleurs du tapis, son détecteur de bullshit est désormais assez affûté, merci. Ne pas trop se soucier du décor. Savoir l'apprécier, mais surtout se demander ce qu'on mange, quand est-ce qu'on passe à table, rentrer dans le vif du sujet, dire les choses quand il faut qu'elles soient dites. Et savoir jouir. Jouir parce que le temps passe et que nous n'avons que quelques secondes à passer ensemble. Avant d'éclater. Surtout ne pas perdre son temps à fuir le fait qu'on éclate.

Lui le sait. Moi je passe mon temps à me le cacher.

6
La lettre à Léonie

« Pourquoi tu pleures ? » me demande-t-il. Ma tête est posée sur son torse nu, donc il le sent bien que je pleure. Mes larmes se répandent sur sa peau. Je suis triste parce que je ne veux pas que ça finisse. Se retenir d'être heureux, c'est tentant. Cracher dans sa propre soupe. La gâcher, parce qu'au fond, on la trouve trop bonne. On l'aime alors on ne veut pas la finir. Je ne veux pas que ça se termine, ça fera trop mal, alors si j'aime moins, si je me tiens un peu à l'écart de ce monde, lorsque j'aurai tout perdu, ça me fera moins mal. Je me serai mieux protégée. Si je reste égoïste, centrée sur moi, que je ne me donne pas accès à ce tournis qui vient avec aimer profondément sa famille, ses amis, son amoureux, quand ils mourront, j'aurai moins mal.

Telle était la stratégie naïve et somme toute assez sotte que je m'apprêtais à lui exposer à travers mes larmes. « Je trouve que je t'aime moins bien que tu m'aimes. Je me retiens, parce que j'ai trop peur du jour où je te perdrai. Je me dis que si je ne me donne pas totalement, que je me cache à moi et à toi combien je t'aime, alors le jour où tu mourras, ça m'affectera moins. »

Ce plan était effectivement stupide et il allait me le confirmer. « Au contraire, quand tu perds quelqu'un, la seule chose qui te console c'est de te dire que tu l'as aimé de toutes tes forces, du mieux que tu peux avec tout ce que tu es. »

Merde. Ça, c'est une mauvaise nouvelle. D'autant plus que sur le torse que j'étais en train d'inonder de mes larmes se trouvait un tatouage. Un dessin avec un prénom, celui de celle qu'il a perdue. Donc en plus, il sait de quoi il parle. Il a traversé ce que l'on ne veut jamais traverser. Le deuil soudain et inexplicable de quelqu'un qu'on aime. La perte dans toute son absurdité cruelle.

Parce que la vie fait bizarrement les choses, la veille de la mort de sa copine, il lui avait posté à la blague une lettre d'adieu. Elle était en voyage loin et sans lui. Quelques jours auparavant ils s'étaient parlé au téléphone. Il l'avait appelée de chez ses parents, longue distance, ce qui à l'époque, au début des années 2000, coûtait une fortune. Ils avaient jasé longtemps. Trop longtemps. Beaucoup trop longtemps pour un père qui paye les factures. Il lui avait donc écrit une lettre d'adieu lui annonçant sa mort imminente car son père allait probablement le tuer lorsqu'il découvrirait son compte de téléphone.

Elle n'aura jamais pu lire cette lettre d'au revoir, rire des écrits de mon homme qui je sais possède une plume franche et drôle. Dans la soirée elle est tombée dans le coma et n'en est jamais ressortie.

Est-ce que la vie fait bien les choses ? Quand tu écris pour faire rire une lettre d'adieu à ton amoureuse de 20 ans qui s'en va mourir ? Est-ce que c'est mieux que d'avoir dit des trucs banals ? Est-ce que c'est une manière d'avoir au moins la consolation de lui avoir écrit au revoir ? En tout cas, il y a de ces hasards absurdes qu'on ne mettrait même pas dans les films.

Il a grandi de cet événement. Je dirais que ce contrecoup, cet amour brisé l'ont tout déconstruit. Dans les mois suivants il a appris à se rebâtir mais la carapace qu'il avait, qu'on a tous, il ne l'a pas remise. Il a été plongé dans une vérité sur la mort que je n'ai pas. Son rapport à la finitude des choses est beaucoup plus clair que le mien et c'est pourquoi je pense qu'il se préoccupe moins du superficiel. Il y a des chichis, des « qu'en-dira-t-on » qu'il ne voit pas. Il existe une sorte de rapport aux codes sociaux, aux apparences inutiles avec lesquels il ne s'encombre tout simplement pas. Il ne perd plus son temps. Il sait qu'il est court.

On a le choix. Blessés, beaucoup d'humains, par traumatisme, se nécrosent et se referment sur eux-mêmes. Si on veut, on peut aussi plutôt se balader dans la vie avec nos blessures comme des badges d'amour. Comme des médailles de guerre. Des batailles qu'on a gagnées. On sent chez lui que cette leçon est incarnée. La vie se termine. Face à la tristesse que cela nous procure, moi je choisis sûrement le déni, mais sur son torse, en larmes, ce jour-là, il m'a bien fait comprendre que c'était une stratégie inutile.

« Quand les gens meurent, tout ce qu'il nous reste c'est la certitude de les avoir aimés de notre mieux. Sans se retenir. Sans gêne. De les avoir aimés avec tout ce que l'on sait. C'est tout ce qui rassure. »

Comme toutes les femmes, je préfère quand mon mari a tort, bien sûr. Mais je sais aussi reconnaître quand il a raison. Il vaut mieux être brave. Si l'amour est là, ne pas passer à côté, ne pas rester timide. Prendre le micro et dire haut et fort le nom de notre élu.

7
L'amour, c'est la vérité

J'ai un vieux psy que j'adore. Ça fait très longtemps que je le vois, j'en avais aussi parlé dans mon premier livre *La vie n'est pas une course*. (Achetez-le, merci.) Je le consulte depuis que j'ai 17 ans. J'avais d'abord pris rendez-vous avec lui parce que, je ne sais par quel miracle, j'étais à l'époque consciente que mes parents, qui traversaient une crise de couple très difficile, laisseraient en moi des traces de cette période douloureuse et que j'en ferais un jour les frais.

Pourquoi je savais ça aussi clairement à 17 ans alors que j'ignorais pas mal tout du reste? Je n'en sais rien, mais j'ai exigé, aidée par l'impertinence de ma jeunesse, que l'on me paye un psychologue.

J'étais dans l'entrée du Sports Experts de la rue Sainte-Catherine la première fois que j'ai osé lui laisser un message d'une voix chambranlante sur sa boîte vocale. Par la suite, à chaque rendez-vous, je prenais soin à l'avance de confirmer ma présence. J'étais la seule de ses clientes apparemment à avoir cette habitude de reconfirmer que je serais bien là lors du rendez-vous que nous avions pris. J'imagine que je le faisais par politesse, pour m'installer timidement, m'insérer dans cet agenda occupé de grande personne. J'avais besoin de lever la main et de signaler ma présence, d'assurer ma place, pas encore sûre qu'elle me revenait.

Je me revois sur ma chaise de salle d'attente, avoir peur de pleurer avant même d'avoir ouvert la bouche. Ça fout le vertige, la première fois. Sur quoi je vais tomber dans cette quête existentielle ? Il arrive quoi quand tu te mets à ouvrir tes placards intérieurs ? C'est terriblement déstabilisant de dire ses secrets à voix haute. Ses émotions. Sa vérité.

D'abord, tu dois vérifier que tu es en terrain ami. Que la connexion passe. Que le thérapeute est adéquat pour toi. Ça, à 17 ans, bien sûr, je n'en savais rien. J'ai eu de la chance, j'ai trouvé le bon psy du premier coup. Nos échanges se sont mis très rapidement à être salvateurs. Je n'en étais pas consciente. Ne me doutant pas que je me réparais, j'ignorais tout du travail que je faisais, je n'avais pas le recul, l'expérience, l'introspection nécessaires, mais le progrès était en marche. Étant mineure, mes parents supervisaient de loin. Ils s'étaient fait dire par mon thérapeute que j'étais très intelligente. Jamais de ma vie on ne m'avait dit ça.

Que j'étais jolie, oui, ça, abondamment. Je suis au courant que je n'ai pas le droit de le dire. Les filles sont pourvues d'une sorte de devoir moral de se faire réitérer qu'elles sont belles à chaque rencontre depuis l'enfance, mais de surtout ne jamais intégrer qu'elles le sont. Pourtant toute l'attention que je recevais, j'allais la chercher là. On me le disait alors je finissais bien par m'en apercevoir. À l'adolescence je me tenais avec un groupe de filles qui me ressemblaient. Nous étions reconnues comme « les jolies filles de l'école » comme dans une série américaine. Mais à aucun moment quelqu'un s'était demandé si j'avais de bonnes notes ou quelque chose à dire. En fait, quand t'étais une fille, si par pur hasard génétique ton visage et ton corps s'approchaient des canons de beauté de l'époque, tu remportais un prix tellement considéré comme important dans l'échelle des valeurs féminines que tout le reste était éclipsé. Qu'on me trouve belle, c'était la seule chose qui importait. Continuer à mettre des bûches dans ce feu primordial, voilà où allait le gros de mes efforts.

Pourtant, j'étais intéressée par plein de choses, j'avais des mots plein la tête, mes résultats scolaires étaient bons, voire très bons dans les matières qui m'intéressaient, mais être populaire était plus important. Tu ne pouvais pas être à la fois dans le groupe des « jolies filles habillées à la mode » et dans le groupe des gens intelligents. Fallait choisir. Et dans la hiérarchie sociale naturelle qui se crée dans une école, l'image prévaut. L'emballage l'emporte sur le contenu. Par instinct de survie, tu ne t'obstines pas. Tu prends l'étiquette qu'on te remet, flatteuse ou terrible, tu te la colles sur la poitrine et t'avances.

Je cachais mon intelligence et ce que j'avais à dire comme le font plein de femmes qui prétendent être plus sottes qu'elles le sont. Je le faisais par confort. Pour offrir ce que l'on attendait de moi. Dans un environnement qui n'est pas propice à t'entendre, tu la fermes. Bien sûr, ça crée un cercle vicieux : moins on entend des voix de femmes, plus on pense qu'elles sont sottes. Plus on pense qu'elles sont sottes, moins elles osent se faire entendre. Ce qui fait que lorsque mon père m'a rapporté que le psychologue me trouvait intelligente, j'étais dubitative. Moi ? De l'intelligence ? Je ne voyais pas trop ce que j'en ferais.

« L'amour, c'est la vérité. » C'est ce que m'enseignait le psy. Il me le disait. Je ne le comprenais pas. Je ne saisissais pas ce que ça voulait dire. J'avais entendu parler du fait que la vérité nous libérait, mais ça non plus je n'étais pas bien certaine de ce que ça signifiait. J'étais à l'époque fascinée par l'héroïne d'un livre : Électre. On étudiait la pièce de Jean Giraudoux en cours de français. J'avais découvert une amoureuse de la vérité. Qui désirait la trouver coûte que coûte. Quand on lit le résumé de la pièce, c'est selon l'auteur une tragédie bourgeoise. En gros le roi qui est le père d'Électre est assassiné et elle cherche sans relâche le coupable tout en ressentant une haine inexplicable pour sa propre mère. Bon, c'est ici qu'on se rend compte que c'est aussi le résumé de ma thérapie.

C'était peut-être la première fois que je m'identifiais aussi fortement à une héroïne de livre. Il y a des bouts de nous que l'on découvre grâce à des mots, des livres, des scènes de films. Il y a des mots qui nous interpellent plus que les autres. Qui sont un peu des indices pour découvrir notre identité. Pour que l'on comprenne ce qu'on a d'unique, ce qui nous passionne ou nous importe plus que le reste. Au gré de ce que l'on rencontre, on retient ce qui nous touche et contient plus d'énergie que ce qui nous laisse indifférents. Les maths, la science, l'éducation physique, je n'avais aucune place dans ma tête pour ces choses. Mais la philo, le français, les langues, l'analyse de texte, j'en aurais fait des heures.

Il y avait donc en moi des éléments déjà vrais. Des morceaux de mon identité qui étaient déjà là, que je n'avais qu'à découvrir. « C'est un peu comme magasiner une robe sans savoir ce que l'on cherche, mais en étant capable d'identifier par instinct ce qui n'est pas notre style. Les robes que l'on n'aime pas. » Je n'avais aucune idée de qui j'étais la première fois que je suis entrée chez le psy. Vous me direz qu'à 17 ans, c'était un peu normal. Une fois devant lui il m'avait d'abord demandé si je voulais le tutoyer ou le vouvoyer. Vu mon jeune âge et le sien qui s'en venait avancé, la réponse me paraissait évidente, mais c'était gentil quand même d'avoir demandé. Puis il m'avait expliqué que généralement quand on commence une thérapie, c'est bien d'avoir un objectif, une sorte de quête, quelque chose que l'on cherche. « Eh bien, j'ai l'impression d'avoir semé plein de versions de moi pour faire plaisir aux autres. Et je ne me souviens plus laquelle est la mienne. La bonne. »

C'était essentiellement là mon ambition. Me souvenir de qui j'étais. C'est là que le psychologue m'avait donné l'image de la robe. « Est-ce qu'il me donne cette image kétaine parce que je suis une ado ? J'espère qu'il ne me prend pas pour une idiote, ça va être long sinon. » Si Rimbaud disait qu'« on n'est pas sérieux quand on a 17 ans », ça serait bien de se rappeler qu'on n'est pas complètement con non plus. La preuve c'est qu'il avait l'observation nécessaire pour écrire cette fameuse phrase.

N'empêche, l'image de la robe m'était restée. C'est vrai, si j'avais dans ma machine intérieure le radar nécessaire pour identifier ce que je n'aime pas, je devais aussi avoir celui qui m'indique ce que j'aime.

« L'amour, c'est la vérité », ça voulait dire, j'imagine, qu'il fallait la chercher, cette vérité. La comprendre, puis la dire. L'extraire. Entrer en soi comme on entre dans une mine. Établir un système de poulies qui remonterait toute la boue à la surface. Filtrer le superflu, passer au tamis les mensonges que l'on raconte pour garder les quelques pépites de sa propre vérité. Quel travail barbant et difficile. Le monde que je m'étais créé autour de moi, les amis, les intérêts, les activités, les amoureux… Tout ça avait-il été choisi pour ma vérité ? Probablement pas !

Je sortais de chez le psy avec plus de questions que de réponses, déprimée de m'apercevoir à quel point j'étais fausse et je me mentais. Me sentant seule aussi dans cette quête de vérité que je vivais en secret. Loin des préoccupations d'une fille de mon âge, je me sentais en constant décalage entre ce que je ressentais et ce que je projetais. Comment dire sa propre vérité, comment on se sent, comment vouloir faire remonter ces seaux de boue à la surface si on sait qu'ils ne feront que salir notre extérieur ? Qu'aucune de ces paroles ne sera comprise ou entendue. Que faire de sa vérité lorsque l'on s'est tissé un monde superficiel qui pense nous connaître ? Lorsque l'on fait déjà partie d'un clan, d'un groupe qui, mine de rien, nous accueille et pense savoir qui on est ? Risquer de perdre tout ce que l'on connaît et se retrouver seul, sans amis ? Non. Je n'étais à l'époque pas assez solide pour tout abandonner. Mentir, me taire, avancer sans rien changer. J'allais le faire encore longtemps.

8
L'amour dit vrai

C'est cette petite voix qui d'abord chuchote et qui, si on ne l'écoute pas, finit par nous crier dans les oreilles. On peut se mentir, mais pas trop longtemps. Un jour, notre cœur en a marre et il déborde. Oui, on peut se cacher à soi-même certaines informations, ignorer volontairement des grands pans de notre vérité. Faire semblant d'aimer son travail parce qu'on doit rapporter du cash, garder des amis qui nous emmerdent juste parce qu'on les connaît depuis longtemps, habiter une maison qu'on déteste pour faire plaisir à son partenaire, épouser quelqu'un pour satisfaire nos parents, etc. On peut mentir un certain temps. Mais pas pour toujours. En tout cas, moi je n'y arrive pas et bien franchement je ne veux pas. L'ennui avec ce fameux système de poulies que tu mets au point en thérapie pour extraire ce que t'as à dire d'important et de vrai, c'est qu'à force de l'utiliser, le système devient bon. Une fois qu'il roule, il veut rouler. Et avec les années, ça devient de plus en plus dur de mentir.

Mentir est pourtant une si bonne manière de se cacher. Le plus terrifiant dans la vie, c'est l'amour. Rien ne nous rend plus vulnérables que d'amener à nos lèvres ce que l'on ressent vraiment. C'est flippant de porter notre cœur à notre bouche. De le confier à l'autre. De dire les mots, de les laisser flotter à l'extérieur, comme des oisillons qui avec trois-quatre plumes devraient savoir voler. Non, mais notre monde est beaucoup trop affolant ! J'ai déjà vu mon cœur se faire échapper comme un œuf. Tant pis, je le garderai sous d'épaisses couches de gras, bien décidée à ce que personne n'y ait accès.

Pourtant, il existe des gens qui n'échapperont pas notre cœur. C'est difficile à croire, quand il a déjà été pulvérisé en miettes, mais je vous jure que certaines personnes vous écouteront parler et comprendront intimement ce que vous dites. Vous serez compris, dans votre chair.

9
Les vrais savent

J'avais 25 ans quand je l'ai revu pour la première fois. Nous étions maintenant deux adultes face à face dans un parc après avoir été jadis deux enfants dans une classe. Les mots sortaient de ma bouche et il les comprenait. Je trouvais ça très louche. J'avais été habituée jusque-là à vivre une sorte de jeu frustrant avec mes mots. Comme quelqu'un qui aurait joué au tennis contre un mur. Je les disais, ils rebondissaient sur l'autre. Jamais ils ne pénétraient sa conscience pour y rester. Généralement, ils me revenaient en pleine face. C'était pour ça qu'à force, j'avais appris à me taire ou à tout simplement dire ce que l'autre voulait entendre. À me trahir moi-même pour avoir de la compagnie. Mais jamais je n'avais eu le genre de contact avec quelqu'un où on se sent décodé pour vrai. C'était impensable que lui aussi, en vingt-cinq ans, ait été pourvu de la même éducation et de la même sensibilité que moi. Qu'il possède les mêmes clés pour interpréter un point de vue et surtout le même sens de l'humour. Il y a des gens à qui l'on n'a pas besoin d'expliquer. Gagner cela, ce genre de lien, vaut tous les risques de se faire rejeter. Trouver ceux qui entendent les mots de notre cœur parce qu'ils les aiment est un trésor qui mérite notre courage. Même s'il nous faut affronter tous nos démons et les fantômes de blessures qui rôdent dans nos mémoires, gagner ces liens d'amour rend notre existence non seulement supportable, mais l'enrichit de ce qu'il y a de plus précieux.

Il était entré dans ma vie sans vouloir rien toucher. Je le regardais s'y engager comme on examine quelqu'un du balcon d'une cour intérieure. Qui est donc ce drôle de personnage qui vient d'arriver ? Il avait l'air curieux de qui j'étais. De tout mon monde. Il me regardait, simplement. Sans intention. C'était la première fois que ça m'arrivait. J'étais célibataire depuis plus de deux ans et jamais je n'avais encore été approchée par un homme qui n'avait pas d'intention. Qui n'essayait pas que je sois à lui. Qui ne voulait pas faire de moi un trophée, le prix d'une tombola, un accessoire pour aller avec le reste de sa vie. « J'ai la cravate, le job, maintenant il me faut la femme. » Je ne sentais pas cette impatience en lui que d'autres m'avaient fait ressentir, comme une compétition pour savoir qui serait capable de coucher avec la plus belle, la mieux foutue, la plus intrigante. Je ne percevais pas ce besoin de possession. Il avait l'air heureux que je sois là, point.

J'avais du mal à saisir. Je ne possédais aucune clé pour déchiffrer ce genre de relation. Si bien qu'au début, dans les tout premiers instants de nos retrouvailles, je m'étais convaincue que ça serait un ami. Un ami qui écrivait bien. Avec qui j'aurais peut-être des projets créatifs. Mais pas l'Amour. L'amour n'avait jamais résonné ainsi en moi. Maintenant que l'on est mariés, il raconterait sûrement que j'ai passé les trois premiers mois de notre relation à répéter « je comprends rien ». Au point où il s'en tannait. Lui, ce qu'il ne comprenait pas, c'est ce qu'il y avait donc à ne pas comprendre.

Pourtant, je flottais en plein inconnu. Un de mes humoristes préférés, avant qu'il ne soit déclassé par des allégations d'inconduite sexuelle, était Louis CK. Et CK disait de manière très juste que la réaction normale la première fois que tu rencontres quelqu'un de qui tu tombes amoureux est : *Who the fuck is that?* Ce qui se traduit mal par « T'es qui toi, bordel ? ». C'était ce que j'expérimentais constamment face à cette nouvelle flamme. Je n'assimilais pas. J'avais perdu tous mes repères. Tout ce que je pensais savoir de l'amour avait été foutu à la poubelle. Je pensais savoir marcher, j'étais maintenant en apesanteur. Et je n'aimais pas ça.

Nous avons parlé ce jour-là, dans le parc. Nous sommes allés prendre cette fameuse crème glacée de printemps qui était le prétexte à notre rencontre.

C'était le même glacier où l'on s'était revus à 12 ans, quand j'étais revenue de France rendre visite à mes amis québécois. Maintenant nous étions adultes et ça faisait quinze jours que l'on s'écrivait intimement, si intimement qu'on le faisait par journal interposé.

Ce jour où il m'a retrouvée sur Facebook et où je lui ai répondu en recopiant une page de mon journal intime d'enfance, il m'a répondu dans le même format. Le format *Cher journal*. Il racontait sa journée. Sa journée d'homme, d'étudiant. Et je découvrais son monde à travers la voix authentique que l'on utilise pour s'écrire à soi-même. Le jeu était trop amusant, alors j'avais répondu de la même façon, sans trop réfléchir. Ainsi, sur deux semaines s'était installé cet échange qui avait mis la table à notre rencontre en vrai. Nous aimions tous les deux écrire, ça se sentait ; j'adorais découvrir ses images, ce qui lui arrivait, et c'était une grande bouffée de vérité et d'humour par rapport à tous les bellâtres perdus dans leur image que j'avais côtoyés.

Lui avait le courage de dire les choses. Il ne s'en rendait peut-être pas compte, mais par ses récits, je découvrais avant tout la relation qu'il entretenait avec lui-même. Et n'est-ce pas là une des choses les plus fondamentales dans le choix d'un partenaire ? Quelqu'un qui aura l'amour-propre nécessaire pour se faire respecter et pour connaître la différence entre le bien et le mal. Quelqu'un qui aura l'introspection suffisante pour savoir admettre quand il a tort, mais aussi pour découvrir et rappeler ce qui est important à son bonheur.

C'est tout cela que j'apprenais sans trop le savoir. C'est tout ce qui me charmait et m'attirait. Me rassurait, aussi. Il avait l'air gentil. Drôle. Très intelligent. Et il possédait la forme d'intelligence que je préfère : celle de la vie. Celle qui sait observer nos existences, puis les décrire. Les rendre comiques.

C'était cette âme qui me séduisait. Lui, en garçon maladroit qui tente comme il peut de parader devant la femelle, peut-être qu'il ne s'en doutait pas.

10
Comprendre ce qu'il nous faut

Si on n'avait pas passé plus de deux semaines à s'écrire avant de se voir, est-ce que j'aurais su reconnaître l'amour? L'écriture peut être tout de suite intime. Elle l'est plus que la parole. Elle vient de plus profond. Les mots ont mijoté. Bien sûr, on peut écrire à partir de son ego, tenter de faire la description poudrée de ce que l'on aimerait que les gens voient de notre reflet. Faire un portrait malhonnête et mensonger de ce que l'on est. Alors cette musique devient insupportable, mal accordée... Elle sonne faux. Mais puisque l'on s'en rend compte, c'est bien la preuve que l'écriture vient nous chercher dans les tripes. À l'étage de notre être où règnent les sentiments. Le ressenti. Et c'était bien futé de la vie de passer par cette porte intime pour y faire entrer l'amour.

C'était malin, parce que le travail se faisait sans que je m'en rende compte. En amour comme dans le reste, l'ennemi à surveiller c'est nous. Parce que notre armée de saboteurs est généralement bien en place, prête à mettre la hache dans le bateau de notre bonheur, mais aussi parce qu'il est très difficile de se voir aller. On n'a aucune perspective. On ne peut pas être en même temps le bateau et le phare qui nous guide. Puis la méfiance règne aussi en grande maîtresse au jardin des sentiments. C'est pour tout ça que si l'amour veut s'installer, nous faire grandir et aimer, il doit bien jouer ses cartes.

Têtue, méfiante et au-dessus de mes affaires comme je l'étais, s'il avait fallu que l'amour se présente d'abord dans la réalité plutôt qu'à l'écrit, si j'avais croisé mon futur mari dans une fête, par exemple, je serais passée à côté. Je n'aurais pas compris qu'il était ce dont j'avais besoin. L'amour est une force de croissance. Grandir nous fait peur. On préfère les expériences qui nous rassurent à celles qui nous font évoluer. C'est tout simplement moins contraignant. Alors par réflexe, on cherche ce qui est attrayant, ce qui brille et nous conforte dans nos patterns. On cherche nos pantoufles. L'ennui, c'est que c'est plate. T'as vite fait le tour du jardin parce que tu n'apprends rien, tu grandis pas, t'as aucun défi. T'as marié ton père. Félicitations.

L'amour est une force de croissance qui s'installe entre deux personnes (ou trois, si vous aimez les défis). Le couple devient alors une sorte de matrice où au simple contact de l'autre on est plus authentique alors on grandit. Oui, parfois on se perd un peu de vue, ça prend des semaines avant de retrouver le lien, avant de savoir à nouveau qui l'on est. De pouvoir se concentrer à nouveau sur notre authenticité et continuer à évoluer ; mais généralement, si l'on est fidèle à ce principe d'honnêteté, il saura nous souffler dans les oreilles ce qui se passe. Et il faudra avoir le courage de le dire. « Je t'aime, mais ça fait trois semaines que j'ai l'impression que tu fuis tes propres besoins et que tu n'oses pas te laisser aller à ton plaisir sexuel alors je me sens rejeté. Qu'est-ce qu'il se passe ? » Et l'autre personne de répondre : « Je t'aime, mais je suis complètement dépassée par le travail et les tâches et les enfants et j'ai l'impression de n'avoir pas une bouffée d'air à moi alors les seuls moments où on me fout la paix, j'ai envie de m'enfermer dans ma bulle. » Refrain conjugal connu. On pourrait monter un opéra sur le thème. Mettre deux chœurs qui s'affrontent. Le ténor s'approcherait de la cantatrice : « Qu'est-ce que je peux faire pour vous décharger, jolie damoiselle ? » « Désormais j'irai marcher seule après le souper damoiseau, faites la routine bain-histoire-brossage de dents. Je reviendrai avant le dodo. » Rideau.

Pour en arriver à cette solution, c'est parfois long. Ça prend généralement des dizaines de petites (ou grosses) chicanes, de moments où on roule des yeux, de fois où on se tombe royalement sur les nerfs, voire où on s'haït avec une passion démesurée et silencieuse. On s'endort dans le même lit, dos à dos, perdus dans nos frustrations. Le manque de sexe dans le couple peut être un problème récurrent qui vient avec des conversations inconfortables ou intensément désagréables. Arriver à calibrer deux êtres humains sur un même rythme de libido dans un quotidien chargé peut relever du miracle. Faire balancer les 28 assiettes avec lesquelles on jongle, le tout en se laissant prendre en levrette, est un exercice périlleux.

Mais le sexe est le discours du couple. Il relie la chair. Nous rappelle un langage juste à nous, aussi unique qu'une empreinte digitale. Cette entente que l'on a avec une seule personne dans le monde, cette activité complètement exclusive (si c'est le contrat). Combien de fois on s'engueule pour des pacotilles ? Combien de fois le narrateur de notre vie conclurait : ils s'engueulaient en apparence parce que l'un avait oublié de commander les photos scolaires du petit et l'autre n'avait encore une fois pas rincé le fond de l'évier en terminant de faire la vaisselle, mais en réalité ces deux corps criaient pour être touchés. Pour que tout s'arrête et qu'ils se rebranchent sur l'important, un mouvement de bassin à la fois, jusqu'à ce que la batterie se recharge et que nos deux protagonistes soient à nouveau prêts à affronter la routine. Les engueulades stupides, parfois, ça veut juste dire « je m'ennuie de toi ». Mais j'ai peur de te le dire parce que ça me rend vulnérable alors plutôt que de faire de la place pour qu'on reconnecte je vais te crier dessus concernant les bagages qu'on doit faire pour partir en vacances ou le lavage ou l'entrée qui est encore jonchée de mille paires de souliers, comme ça j'aurai un semblant de lien avec toi pendant qu'on s'engueule.

La communication verbale et corporelle, ce que l'on dit et l'amour que l'on fait sont au centre du système du couple. Mais attention, j'ai pas dit que c'était simple. Il y a dans une journée, dans une vie, dans un quotidien, mille raisons de passer à côté de l'autre. De nier son propre désir et de se perdre. Les enfants sont un bon début. Il n'y a rien de plus facile que de laisser mourir son couple parce qu'on a des enfants. Si être deux est la recette pour les fabriquer, en avoir est la recette pour ne plus être deux. Ils sont immensément talentueux pour nous empêcher de faire l'amour, ressentiront dans leur petit corps un signal d'alarme instantané et le besoin de se lever du lit la seconde où l'on esquisse le début du commencement d'un effleurage d'épaule. Ils le sentent comme un requin discernerait une goutte de sang dans l'océan. « Me semble que j'ai un truc à interrompre, moi. J'avais pas dit que je devais aller m'immiscer coûte que coûte dans toute tentative de rapprochement de mes parents ? Il m'apparaît que ça fait longtemps que je suis pas allé dormir entre eux ou que je les ai pas réveillés avec une gastro. »

Au-delà de la propension innée des enfants à nous cockblocker, leur vie, l'attention qu'on leur donne, le niveau d'énergie qu'ils requièrent s'installent, sans même que l'on s'en rende compte, au détriment du couple. On leur donne de précieuses heures, d'inestimables gallons du carburant intérieur que l'on se donnait l'un à l'autre avant qu'ils naissent. Tout est en place pour que le couple se noie dans leur bordel. Il n'y a au fond rien de moins sexy que d'avoir des enfants, surtout quand ils sont petits, période pendant laquelle subviennent souvent les séparations. C'est le moment où l'on finit par céder. Où, étouffés par une routine éprouvante et dépourvue de toute forme de plaisir, on en vient à se perdre.

Il n'y a rien de moins sexy que de se voir se transformer en maman ou papa. Devenir cet être lourd et crevé, légèrement (ou totalement) dépassé par la situation qui a pour habitat naturel un endroit où y a de l'avocat dans les rideaux, quand c'est pas du caca. Rien ne met une ambiance sensuelle entre deux personnes quand le sol est jonché de jouets, d'emballages de collations, de chaussettes sales et de 78 chaussures dont 41 ne vont plus à personne. Rien n'est séduisant dans un souper qu'on passe à se faire dire que ça goûte dégueulasse pendant qu'on ramasse pour la deuxième fois un verre de lait sur la table en écoutant un enfant hurler que finalement c'est très, très grave qu'il ait l'assiette bleue. Rien de tout ça ne vous donnera envie de faire l'amour. Je le déconseille fortement comme préliminaires.

Perdre son état amoureux dans ce perpétuel capharnaüm se fait en claquant des doigts. C'est une pente glissante sur laquelle on se retrouve tous. Au moins, mieux vaut la dévaler main dans la main et s'apercevoir que l'on est dans ce bordel ensemble. Que la vie de notre partenaire, avec son horaire, ses défis, ses problèmes, comporte sa dose de stress même s'il est parfois très différent du nôtre. Que la pression des responsabilités, des événements de la semaine, de l'éducation des enfants repose sur les épaules du couple. Que ni l'un ni l'autre des deux partenaires a vraiment une vie enviable en ce moment. Même si en apparence on peut supposer que oui. Cette réciprocité est parfois dure à reconnaître dans la tempête parce que dans le stress, on se braque l'un contre l'autre. On se met doucement à se convaincre que l'autre est l'ennemi. Celui qui ne comprend pas tout ce qu'on vit, combien c'est difficile, combien c'est lourd et qu'on est fatigué. Que la vie ne ressemble en rien à ce que l'on avait imaginé. Que toute part de rêve a été décapitée. Bien sûr que ça peut dès lors devenir un réflexe d'entrer en guerre. De se dire qu'au fond tout ça est la faute de l'autre. Qu'avant on n'était pas cette personne chiante et détestable qui pète une coche pour rien. Qu'on n'était pas constamment tendu et à fleur de peau. Que tout ce besoin de contrôle n'était pas là. On avait une vie beaucoup plus le fun ! On était quelqu'un d'amusant ! Quelqu'un qui souriait même de temps à autre !

Mais avant, quand ? Avant d'avoir une famille ? Avant de vieillir, de ne plus avoir 20 ans et que le poids du devoir et de la graisse que l'on n'arrive pas à perdre nous accable, c'est ça ? Je ne suis pas sûre qu'il soit réaliste d'accuser l'autre de l'entièreté du phénomène. Je pense qu'il est injuste de se défaire de toute culpabilité. Bien que ça soit tentant. De se dire qu'avec un autre partenaire, la petite brune du bureau ou le facteur aux mollets d'or, on aurait des ailes. Notre mémoire est généralement assez faillible et il est bien plus facile de conserver un portrait romantique de sa propre jeunesse, cette époque où on avait des cheveux. Certes, le passé paraît bien léger quand on l'oppose à la lourdeur goudronneuse du manque de sommeil et du chaos que représentent les premières années de la vie des enfants, mais c'est aussi bien mal se souvenir des questions existentielles qui disséminaient notre jeunesse. C'est se rappeler juste les bouts guillerets, les apéros, le soleil des terrasses, les aventures d'un soir, et bien mal se souvenir… point. Puisqu'on était probablement un peu soûls ou gelés tout le temps.

De toute façon, cette version de nous n'est pas si loin. On est juste sur pause. Très occupés à démarrer et installer la famille. Pour qu'un jour celle-ci vogue un peu plus par elle-même. Et que papa et maman se souviennent enfin qu'eux aussi ils existent.

11
Quand cesse le chaos

C'était intelligent que la vie entre par la cave. Parce que j'y avais laissé une fenêtre ouverte que j'avais oubliée. La vie, qui veut nous faire évoluer, souhaitait installer l'amour en moi, mais j'avais trop peur. J'avais la trouille de m'installer à nouveau dans une relation où l'on me demanderait de changer. De ne plus parler comme je parle. De m'habiller autrement, de faire attention à ce que je dis, de ne froisser personne, de marcher sur des œufs. Quand j'y réfléchissais, le mariage me paraissait comme un contrat bête. Comptable. La seule idée de devoir mêler un contrat à l'amour me semblait affreusement débandante. Il y avait un aspect formel à tout ça qui m'effrayait. Je me voyais me tromper et être prise au piège. Condamnée à faire semblant toute ma vie, à continuer de sourire alors que j'avais mal. À me sentir enfermée et à rester pour le seul bonheur de mes enfants. M'éteindre à petit feu. Épouse vaguement alcoolique, je continuerais à apporter mécaniquement des plats sur la table pendant que tout le monde parlerait sans faire attention à moi. Je me voyais devenir ce spectre, cette femme triste et transparente de qui on ne s'est pas soucié depuis des lustres à part quand vient le temps de retrouver ses lunettes.

Je préférais vivre avec mon chat. Avec cette grosse chatte noire et blanche qui s'effoirait sur mon lit comme si tout lui appartenait. Je favorisais sa compagnie rigolote à la menace d'une relation fausse. Mais bien sûr, je me sentais seule. Et c'est peut-être là que j'avais laissé s'entrouvrir la fenêtre de la cave. Je pense que l'on place d'abord en nous l'intention silencieuse de ce que l'on désire, mais qui nous effraie. On y sème une petite graine, une pousse fragile, un espoir que l'on s'avoue à peine à soi-même. L'amélioration d'une situation. Une sorte de souhait. Un nouveau tableau, un paysage neuf dans lequel s'installera notre ordinaire. Peut-on changer sa vie ? Peut-on devenir heureux en amour, au travail, en famille ? Peut-on réduire une tension que l'on sent dans son cœur et vivre vers d'autres déroulements ? Est-ce que ça peut réellement se passer différemment ? Combien ça me coûtera ? Que devrai-je sacrifier de la vie comme je l'ai ? Ça me paraît compliqué, incertain, est-ce que j'aurai mal ? Quelles seront les nouvelles souffrances que je subirai, à quoi ressembleront-elles ? Tout ça me semble risqué. Est-ce qu'au fond je ne suis pas déjà bien comme je suis ?

L'ennui c'est qu'il demeure en nous, ce souhait. Fragile comme la flamme d'une allumette dans notre grotte, ce désir de voir notre vie changer et d'en accueillir la nouvelle nature est bien réel. On dit que « tout phénomène sur lequel on se concentre augmente ». Enfin, « on dit » dans le sens de : « Oprah dit », bien sûr. J'ai testé et c'est vrai. Concentrer son esprit sur un sujet est ce qui lui donne à la longue de l'importance. Que le sujet soit bon ou mauvais d'ailleurs. C'est ce qui lui donne de la force, influence la présence qu'il occupe dans nos pensées, dans notre horaire, puis dirige les actions et donc la force de traction qu'on lui donne. Il faut donc volontairement choisir de faire grandir son souhait. Il a besoin de notre attention. C'est de cette manière qu'il faut y croire. Pas juste en faisant un vœu dans les étoiles. Ce désir de changement a besoin qu'on lui fasse de la place. Ça peut être long avant que l'on se réveille. Avant qu'une situation que l'on vit devienne enfin insupportable. Que le statu quo fasse enfin assez mal pour nous déloger. Que l'on se décide à ouvrir les yeux. « Sais-tu quoi ? Je pense que je suis tannée de me taper des publicitaires alcooliques qui n'ont pas eu de maman et se servent de leur demi-victoire dans leur milieu superficiel pour combler leur vide intérieur. Qui sait, si ça se trouve, je mérite mieux ! » L'espoir a germé ! À ce stade, on ne sait pas où on va, mais enfin on sait où on n'ira plus.

12
La clé, c'est l'intimité

Si je reprends le souhait qui poussait dans mon cœur à l'époque, il était assez simple. Face au ras-le-bol que j'avais connu de précédentes unions, j'en étais arrivée à la conclusion que quoi qu'il arrive, ma prochaine relation serait égalitaire. Je ne voulais pas qu'un des deux partenaires soit plus important que l'autre. Je souhaitais me défaire de ce maudit carcan de dominant/dominé que l'on observe trop souvent. Je ne voulais pas vivre pour ma relation, en être esclave, sentir que je devais tout sacrifier pour qu'elle existe. En gros, je rêvais qu'elle se gère ! J'en avais soupé du sentiment d'être à la guerre pour qu'une relation fonctionne. J'en pouvais plus de mettre mon énergie à essayer de comprendre les mécanismes complexes qui faisaient à peu près vivoter un couple. C'est ben compliqué c't'affaire-là ! Y a pas moyen que ça veuille vivre ?

Oui y a moyen. Mais ça peut pas couler avec les autres si ça coule pas un minimum avec toi-même. J'ai toujours détesté me faire dire de « juste être moi-même ». Sois toi-même, voyons ! Premièrement, j'ai passé des dizaines d'années à ne pas savoir du tout qui j'étais. Ce fameux « be yourself » a l'air d'un conseil mais ça peut aussi être une belle source d'angoisse. « Be yourself, be yourself... Je peux-tu être la fille qui sait pas qui elle est ? C'est ça mon self ! » Ne pas savoir qui on est signifie souvent que l'on est coupé de sa vraie personnalité. En gros, qu'on ment. Qu'on est en survie. C'est une stratégie sociale, mise en place pour être aimé. Parce qu'on se rappelle le point central de mon propos : sans amour, l'humain s'atrophie et meurt. Donc l'humain est très habile pour trouver une manière d'en recevoir. Combien d'humoristes autour de moi j'ai entendus dire « J'étais le gros, le petit, le weird, etc., alors avant qu'on se moque de moi, je me moquais de moi-même. Je faisais rire pour pas qu'on me tape dessus. » Tu t'adaptes, quel que soit le prix à payer.

C'est pire pour l'enfant qui sent que ses parents possèdent un grand angle mort de sa personnalité. Qu'il y a tout un aspect de lui qui n'est pas saisi, qui est ignoré. Que dans la maison il doit refouler, ravaler, ne pas montrer. À ses yeux, sa nature intrinsèque n'est pas désirée. On peut penser à des cas graves où le jeune sait que son orientation sexuelle doit être cachée. Qu'un pan complet de la fondation de son être ne pourra pas être accepté. Puis il y a toutes ces fois plus abstraites où l'enfant n'est pas cru. Toutes ces situations où sa vérité n'est pas écoutée, où il n'a pas l'espace pour être vu. Alors il s'atrophie. Comme une plante qui pousse sous une cloche de verre. Une fois qu'elle sait qu'elle ne peut pas grimper plus haut, qu'elle a atteint les limites de son environnement, elle se replie sur elle-même. Ou bien elle meurt.

Nos parents ont leurs limites. Si on croit à l'évolution un tant soit peu, ça serait le fun d'être destinés à dépasser nos parents. À être à certains égards plus développés que ceux qui nous précèdent. Je le vois dans mes enfants. Il y a des talents qu'ils ont et des facilités innées que j'ai mis moi-même des années à développer. Ils ont des réflexes qui chez moi ont dû être acquis. Des qualités intérieures que ça m'a pris des lustres à installer, eux, ils sont juste nés avec. Pouf !

Mais ces limites que l'on constate chez nos parents nous font aussi souffrir. Que ça soit conscient ou non de la part de ceux qui nous élèvent, ça fait très mal de se faire imposer le silence. D'être forcé à cacher ce qu'on aime. À se taire. Puis, pour survivre, s'obliger à faire semblant. À obéir. À se marcher dessus. À tout simplement s'acclimater. Pour ne pas crever. Pour aller chercher ce précieux nectar qu'est l'acceptation (maladroite) d'un parent. Ainsi se met-on à se programmer le code de l'amour ! Notre propre combinaison inconsciente que l'on recompose sans cesse pour être accepté. L'ADN de notre recette. Inventée, fabriquée et qui n'a souvent rien à voir avec ce que l'on souhaite profondément, rien à faire avec ce qui est important pour nous. Cette recette est un ramassis de nos patterns, nos habitudes, nos travers que l'on a pris pour avoir bon. Si je suis un garçon fort qui pourvoit aux besoins de tous et que je me plie pour calmer les angoisses de ma mère au détriment de mes besoins, j'ai bon. Si je suis une fille qui fait plaisir à regarder, que je suis agréable, serviable et polie, j'atteins la définition de ce qu'une fille doit être aux yeux de mon père et je récolte sa fierté. J'ai bon.

C'est lourd. Tout ça est difficile à porter et ne tient pas du tout compte de nos multiples facettes, de toute la gamme des couleurs qui nous composent, ce kaléidoscope changeant de nos états d'âme. En gros, tenter d'obtenir de l'amour selon ce contrat, c'est impossible à tenir. C'est Sisyphe qui t'a filé sa recette de l'amour. (Tsé, le gars qui pousse sa grosse roche en haut d'une pente, pis faut toujours qu'il recommence alors en aucun cas il a le temps d'avoir un couple qui fonctionne ?)

Mais qu'à cela ne tienne, l'enfant a bien appris et l'adulte sera difficile à déprogrammer. Sans prise de conscience de ces patterns, bonne chance ! Il cherchera un partenaire qui continuera d'offrir les réponses que nous connaissons par cœur. L'homme trop gentil se cherchera une femme angoissée (il aura le choix, on est quelques-unes), la jolie fille se cherchera un homme qui a besoin pour exister d'un trophée. Et ils se marieront, se tromperont et vivront malheureux. Fin !

13
La recette de l'amour

Je vous la donne tout de suite, après vous pouvez arrêter de lire le livre. La recette de l'amour est simple : l'intimité appelle l'intimité. Bye. Bonne journée tout le monde. On fait quoi cet aprèm' ? Pétanque ?

Bon. Si vous insistez : en gros, si on n'a aucune intimité avec soi-même, on ne peut pas en vivre avec les autres. L'intimité est une relation que l'on tisse d'abord avec soi. Savoir ce qu'on aime. Savoir se respecter. Reconnaître le langage de nos émotions. De notre ego versus celui de notre âme et de notre cœur. Qui fait quoi et dit quoi, quand ? Attention, j'ai dit que la recette était simple, mais j'ai pas dit que le gâteau était facile à faire ! Dans les faits, on en a pour toute la vie. L'intimité évolue au gré des jours. Comme une rivière qui coule et qui est bien vivante. On voudrait lui mettre des barrages, bien sûr, ça serait plus simple qu'elle se laisse contrôler de temps en temps. J'aimerais m'asseoir sur des acquis, merci beaucoup. Que mes billes ne se désorganisent plus une fois que je les ai bien alignées. Mais dans les faits, c'est impossible. Chaque jour tu te lèves en étant une nouvelle personne. Ton paysage intérieur est aussi volatil que le ciel. Oui, il a des saisons. Des longs moments qui se ressemblent. Mais savoir harmonieusement accompagner cette danse changeante est le travail d'une vie. C'est à cela qu'il faut être attentif si l'on veut l'amour. C'est peut-être d'ailleurs ça, l'amour. Cette attention. Ce regard bienveillant que l'on se porte et que l'on offre aux autres. Cette concentration sur ce qui est là. Ça se travaille.

Dans ce dialogue intérieur qui nous anime, ça n'est pas toujours évident d'identifier les différents protagonistes. Quel lapin doit suivre Alice ? Dans ma manière d'interpréter les événements qui m'arrivent, qu'est-ce qui est mon passé réconfortant ? Quelle serait l'option pour grandir ? Quelles sont les pensées qui me veulent du bien ? Quelle est la simple parole de la tentation ? Faire des choix, prendre des décisions en fonction de l'amour, le vrai, pour l'évolution réelle et bénéfique de notre être : bonne chance. C'est parfois si difficile de distinguer le vrai du faux, le bien du mal. On peut se sentir si profondément égaré, désespéré dans une tempête qui n'a ni queue ni tête. Ne plus savoir ce que l'on veut, qui on est. Retomber dans d'anciens patterns, se dire que l'on a déjà été dans ce piège, que l'on a vu des centaines de fois le mur de ce labyrinthe et qu'encore une fois, rien à faire, nous sommes perdus. Fixer le vide pendant des heures. Se dire que l'on ne retrouvera plus jamais son chemin. Que la vie sera cet éternel recommencement dépourvu de sens. Que l'on est condamné à répéter le même refrain comme un perroquet stupide.

Le vertige peut te pogner. Mais l'amour de soi, c'est supposé vouloir dire aimer même ces bouts-là. Je sais, je sais, plutôt apprendre à dire « miam » en mangeant de la boue. Mais l'amour étant la vérité, et non pas la bonne humeur, j'ai pas dit de savourer ce qui arrive, j'ai dit de le regarder pour ce que c'est : de la merde. C'est aussi ça, tisser l'intimité. Savoir identifier la merde.

14
Trigger warning : le sexe

Le sexe est maintenant un de mes sujets préférés. Mais c'est récent. Je me confesse, j'ai passé beaucoup d'années à ressentir exactement le contraire, à trouver que c'était mon terrain de conversation le moins préféré de toute la vie. Je savais pas quel jargon choisir pour en parler, je redoutais d'avoir des discussions là-dessus dans mon couple et en plus je considérais que c'était le dossier qui amenait les pires chicanes. Oui, les engueulades sur le sexe sont les pires. D'abord parce que se disputer nu, c'est ridicule, à part pour les enfants qui le font très bien. J'ai déjà assisté à des scènes monumentales entre mes enfants où ils voulaient s'attaquer à coups de jouets de bain et c'est très drôle. Mais une fois adulte, argumenter nu, tu te sens con.

Parler de sexe dans un couple est difficile. Je pense que ça peut prendre des années avant d'en arriver à une bonne communication sur le sujet. D'abord parce que c'est gênant, ensuite parce que la plupart des gens n'ont reçu aucune éducation sexuelle – personne ne nous a appris à parler de ces choses-là –, et puis malheureusement, dans beaucoup d'histoires, y a eu viol.

Mauvaises expériences, traumatismes, agressions, inceste. On voudrait que ça soit rare, mais ça ne l'est tellement pas. On se fait une espèce d'idée du sexe comme de la porno. Un terrain de jeu amusant et simple. On pense que tous les voisins s'y adonnent en toute légèreté, qu'il n'y a rien de compliqué là-dedans. Que c'est le fun, point. Mais les souffrances traumatisantes sont si fréquentes. Le mouvement Me Too a su mettre en lumière cette évidence : il y a beaucoup, beaucoup, beaucoup de gens qui portent dans leur corps et leur mémoire sexuelle une ou plusieurs agressions. Et ça, c'est complexe.

Quand le mouvement a commencé, j'avoue que je n'en revenais pas. Non pas du nombre de femmes et d'hommes qui avaient été violés, mais que le silence se brise. Bien honnêtement, je pensais que je ne verrais jamais ce sujet être libéré de son tabou. Je ne croyais pas que de mon vivant, je verrais des femmes mondialement prendre la parole et oser dénoncer leur agression sexuelle. Je croyais que ce pouvoir, cet accès au corps des femmes resterait un privilège masculin. Et que la honte et la peur retiendraient nos mots pour toujours. Je considérais que, des générations de femmes s'étant tues, les non-dits étaient trop épais. Que des sillons d'automatismes avaient été transmis de mère en fille, que cette souffrance serait au mieux écoutée entre femmes, au pire justifiée pour excuser l'homme, mais que jamais cette honte ne changerait de camp. J'étais sûre qu'on allait continuer à faire ce que l'on avait toujours fait : se taire. Ne pas en parler, aussi pour ne pas forcer les autres femmes à le faire.

Dans une famille, si plusieurs sœurs sont agressées et que l'une veut dénoncer, les autres peuvent trouver ce geste égoïste. Trouver que dénoncer brassera trop de merde, que toutes celles qui sont impliquées devront briser le silence. Si l'agression vient d'un membre de la famille, certaines voudront peut-être protéger cette personne… Bref, il peut être très mal vu de parler. Alors les victimes sont emmurées dans un double silence : celui de l'agresseur qui fait pression pour que l'horrible secret ne soit pas révélé, puis celui du statu quo qui veut maintenir le déni.

Cette obligation au silence qui contribue à la culture du viol, je ne pensais pas qu'elle cesserait. Je la voyais faire des ravages autour de moi et je sentais que l'on en resterait prisonnières. J'ai vu en moi et dans ma lignée de femmes l'énergie du viol perpétrer ses crimes. Voler d'une génération à l'autre trop de nos identités sexuelles. J'ai moi-même été agressée à 13 ans par un pédiatre en qui ma famille avait confiance et j'ai dû me battre pour que cette vérité soit reconnue. D'abord en moi. Quand ça t'arrive si jeune, il est possible que pendant des années la compréhension de l'histoire te soit confuse.

La femme que je suis maintenant peut clamer haut et fort que l'agression de ce médecin était inacceptable et profondément dégoûtante, que ces gestes étaient pervers et malades. Que c'était un abus de confiance et de pouvoir bien ficelé qu'il avait dû faire des dizaines de fois, un modus operandi qu'il devait connaître par cœur. Un droit qu'il se donnait sur le corps de ses patientes, qu'il devait se justifier par ses diplômes. Mais quel homme foncièrement dégueulasse. Je l'imagine faire pareil à ma fille et ça me rendrait violente. Je sais que maintenant j'aurais la force de le confronter, de le laisser être humilié puis de le traîner en justice.

Mais pour faire cela, il faut être apte à reconnaître intérieurement la gravité d'un viol. Et si depuis des générations les mains baladeuses et les violences sexuelles sont excusées, justifiées et pardonnées avant même qu'on les dénonce, alors la culture du silence l'emporte. Il devient impossible de se tenir debout et de proclamer la gravité des faits. C'est ce qui m'est arrivé face à ce bon vieux docteur. Il avait été excusé avant même que j'ouvre la bouche. Pourquoi ce médecin bienveillant qui nous suivait depuis la naissance aurait-il fait ça ? Et puis ses maladresses étaient sûrement attribuables à l'époque d'où il venait. Autres temps, autres mœurs, n'est-ce pas ? Il aimait peut-être juste trop les femmes, lui qui était si affectueux avec ma mère. Ce bon pédiatre père de famille avait trop d'affection pour ses patientes, mais était-ce si méchant que ça ?

J'en rirais tellement ces excuses sont mauvaises et perdurent. Tant nous sommes habitués à donner ce passe-droit aux hommes. Tellement c'est tissé jusque dans les codes sociaux d'un nombre alarmant de pays. Les femmes peuvent être agressées dans leur chair et leur sexe, en toute impunité, et nous y verrons une sorte de force masculine presque normale. Parfois même une forme de santé dans la virilité de l'homme. Il sait prendre ce qui lui revient. Ce modèle de masculinité est célébré et pas seulement par les hommes, certaines femmes aussi hésitent à ébranler cet archétype que l'on connaît et qui nous rassure.

Mais dans les faits, procéder à un toucher vaginal sur une gamine de 13 ans parce qu'elle a mal au ventre et en profiter pour lui indiquer où se trouve le point G... Que tu sois médecin ou pas, tout le monde sait que c'est absolument et sans équivoque rien de moins que criminel.

Il a fallu la conscience de mon mari pour que je m'en rende compte. L'homme sain peut beaucoup dans la destruction du modèle de masculinité toxique. Parce qu'il est bien placé pour reconnaître la maladie, lui qui a la santé. Il a fallu que lui me dise que ce que j'avais vécu était grave. Quelque part, je savais que ça l'était, mais j'avais de très forts mécanismes en moi qui me poussaient à le banaliser. Lorsque tu as l'habitude de voir l'agression, ce qui ne devrait jamais arriver devient malheureusement une norme. Mais un regard extérieur peut nous aider à en prendre conscience. Et alors, c'est la colère qui nous libère.

15
La colère interdite

Parlons-en de la colère. Les femmes n'y ont pas accès. Elle est réprimée et refoulée et ravalée et montrée du doigt comme quelque chose de grave. Cette colère n'est pas reconnue. Elle est interdite. C'est un outil que l'on nous enlève quand on est petite. Une excision minutieuse qui nous force à la longue à nous retourner contre nous-mêmes. Combien de femmes passent à côté de leur vie parce qu'elles n'ont pas le droit de se fâcher ? J'ai vu tant de femmes tomber en dépression plutôt que d'oser dire fortement la vérité. Notre monde va mal parce que les femmes ne se fâchent pas. L'inexcusable continue d'arriver parce que l'on doit se soumettre à l'ordre en place. À la force banale de la violence. Mais les femmes doivent se fâcher. Se fâcher et pour les bonnes raisons.

Se faire dire depuis que l'on est petite de ne pas se mettre en colère sous couvert d'apprendre à se contrôler, ce qui est une leçon valable, nous place dans une position délicate et presque dangereuse qui ne nous permet pas d'avoir accès à l'entièreté de notre colère. Or, il y a des colères qui sont primordiales. Qui protègent ce qui est fragile et capital. Il y a des colères qui sont un mur de protection contre la barbarie de notre monde. C'est cette colère qui est trop souvent ravalée. C'est celle-là qui doit être comprise et dite.

Mais trop refoulée depuis la naissance, toute colère sera immédiatement reléguée au domaine de l'inacceptable et alors aucune prise de conscience ne pourra être faite. Cette colère ne pourra pas être étudiée, regardée ou écoutée. Et celle qui porte la colère ne saura pas manier son arme. On ne fera que la condamner de l'avoir. Pourtant, cette arme est si importante. Elle renferme une dose d'énergie si cruciale pour celle qui la porte et pour notre monde. Il faut savoir hurler « Assez ! ». Il faut être en mesure de dire que certaines manières d'être, certaines actions, certains mensonges qui nuisent aux autres et tuent la beauté du monde doivent cesser.

La colère nous raccroche à nous-mêmes. C'est un vecteur très puissant de vérité à qui sait judicieusement s'en servir. Mais où peut-on apprendre à la manier si l'on couvre de honte la moindre courageuse qui l'utilise ? Il faut reconnaître chez l'enfant déjà que sa colère existe, puis lui apprendre à ne pas la laisser s'emparer de lui, à la maîtriser comme un cheval qui ne doit pas décider seul où il le mène, puis il faut que l'enfant apprenne à la connaître intimement pour ne pas la laisser se transformer en violence. Physique et verbale. Puis enfin, bien sûr, la colère doit servir à protéger ce qui doit l'être. Il faut devenir compétent au point de la mettre au service de ce qui est le plus important. La vérité, l'amour, la beauté, l'art, l'intimité. Tout ce qui est fragile ou mis à l'écart. Tous ceux qui ne peuvent pas se défendre. Les enfants, les oubliés, les marginaux, les minoritaires. En somme, tous ceux qui ne gagnent pas selon la loi de la jungle. Il faut se fâcher quand cette fameuse loi du plus fort piétine la vie et tout ce qu'elle a de fertile.

C'est à ça que sert la colère. J'ai mis des années à le comprendre. À ressentir et incarner cette notion de « colère saine ». Ça m'apparaissait comme un concept super pour les livres de pharmacie, un truc bien à dire dans une séance de psy, mais en réalité, le concept m'échappait. Je voyais dans la notion de colère saine un moyen de cesser de la condamner, d'arrêter de me sentir comme un monstre, d'arrêter de me retourner contre moi-même dès que j'avais pété un câble. Alors qu'en vérité, la colère devient saine une fois que l'on sait s'en servir à bon escient. Elle sauve des vies. Il est urgent qu'on la cultive chez nos filles. Qu'on ne se moque pas de leurs colères, qu'on ne les ridiculise pas quand elles en font et qu'on ne les laisse pas avoir honte parce qu'elles y ont recours.

Cette force, bien entendu, peut aussi être dangereuse. Si elle fait basculer dans la violence ou si elle est mise au service de l'ego. Alors elle sera au mieux vaine, au pire elle détruira. C'est pourquoi nous devons si fondamentalement cesser de condamner toute forme de colère et spécialement chez les femmes, que l'on force depuis des millénaires au carcan de la douceur. Il est temps que la force et la vérité féminine s'expriment et, sans colère, point de salut.

16
Les vagins de la colère

Ce titre de chapitre, je le veux sur un t-shirt. Une femme qui a accès à sa colère est une femme qui a accès à son sexe. La colère vient du fond. Après le ventre. Plus bas encore. Elle vient de notre source, et si souvent elle nous sauve et nous fait crier quand on a mal. Elle signale aux autres de reculer quand on est vulnérable. Mais elle peut aussi nous jouer des tours. La chienne qui a été blessée grogne même quand les bonnes mains approchent. Et s'il y a des colères qui bâtissent, il y en a desquelles on reste prisonnières.

Un jour, je discutais avec une femme qui réfléchissait à sa relation hétérosexuelle et se demandait comment on faisait l'amour de manière féministe. Je respectais sa question et comprenais pourquoi elle se la posait, mais j'avais envie de lui dire que si elle prenait ce chemin-là, elle risquait d'aboutir aux pires baises de sa vie.

J'entends le dilemme de la féministe en nous qui regarde toujours autour d'elle, guettant pour voir si quelqu'un n'aurait pas décidé de faire d'elle un objet soumis. Alors la femme hétéro, à la suite d'une bonne journée à l'usine de la lutte contre le patriarcat, rentre à la maison où son homme libéré porte le tablier et lui concocte un bon petit plat. Puis, après s'être lavé les mains de tout le cambouis qui vient avec sa lutte, elle passe elle-même à la casserole et se laisse pénétrer.

Y a de quoi avoir des fils qui se touchent. Ça serait comme partir tirer du gun pour se détendre de son militantisme anti-armes. Mais dans les faits, ça n'est pas parce que tu passes ton jus d'intellect à réfléchir sur les rapports hommes-femmes dans la société, la parité en politique et les dynamiques du pouvoir que tu ne peux pas aimer te faire tirer les cheveux de manière totalement consentante.

Les meilleures relations intimes sont celles où notre mental se la ferme enfin ! Comme si on pratiquait un sport extrême. Personne n'escalade une falaise en pensant à sa déclaration d'impôts. Non, on doit être concentré et dans le moment présent tout le long. De la même manière, on ne peut pas relaxer et se fondre dans tous les délices sensoriels et poétiques de l'échange sexuel si on est en train de se demander si la position de la levrette est patriarcale. La fusion entre deux amoureux doit pouvoir effacer tous les concepts mentaux. C'est un royaume où on peut enfin se foutre de sa propre forme. De qui l'on est. De l'être selon lequel on se définit. Tout peut à ce moment disparaître. On peut ne plus se soucier de son corps, de son genre, de son identité sociale. Le sexe, comme la poésie ou la musique, est le langage d'un autre monde. Celui qui n'a rien à voir avec ce qui est tangible. Nos rôles, notre travail, nos listes d'épicerie, notre quotidien, notre routine, tout ce que l'on porte, au sens matériel et figuratif, peut être retiré. Et alors, si on est en confiance, on peut tout donner. Complètement s'abandonner et ne plus avoir peur.

C'est parce qu'il nous éloigne justement de notre quotidien et de la planète si réelle sur laquelle on vit que le sexe est délicieux. C'est aussi parce que l'on tient mordicus à nos milliers d'étiquettes que l'on se refuse trop souvent à s'y abandonner.

C'est un acte de foi de passer sa journée à être une maman (ou un papa) et quand les petits dorment, de se transformer en ce que l'on ne voudrait jamais qu'ils sachent de nous. Tout comme c'en est un de passer ses journées professionnelles à écrire sur le rapport dominant de l'homme dans notre culture pour finalement terminer sa journée à genoux devant l'homme qu'on aime.

La beauté d'être multifacettes, c'est d'accepter que tous nos mondes s'entrechoquent.

17
Pute maman

Pute maman. Ça aussi je le veux sur un t-shirt. C'est très chiant que l'on doive être cantonnées dans des rôles. Que longtemps ce furent les seules options disponibles avec, si on était chanceuses, la possibilité de rentrer dans les ordres. Tu ne saurais choisir entre te prostituer et t'occuper de la marmaille ? Les hommes ne t'intéressent pas et tu préférerais avoir une vie à toi dans laquelle ton destin t'appartient ? Eh ben, tu peux pas ! À la place, sers le Seigneur. N'enfante pas, mais surtout touche pas ton kiki.

Bon, c'est sûr que des milliards d'années à avoir le choix entre enfanter, servir un homme et servir le Seigneur, ça te pousse pas nécessairement vers l'autonomie personnelle. À 15 ans j'étudiais dans un collège privé français de Montréal et ma prof de lettres nous avait donné comme tout premier sujet (très con) de dissertation : Qui de l'homme ou de la femme est supérieur ? Je ne sais pas si elle avait perdu un pari avec son mari ou si la mafia l'avait attaquée en sortant de l'autobus en la menaçant de la tuer si elle n'arrivait pas à trouver le pire sujet de rédaction à livrer à une classe d'adolescents, mais toujours est-il que c'est ce qu'elle nous avait pondu.

Du haut de mes quinze années de vie, je savais que c'était un non-sens. Que cette question était au mieux risible, mais sinon complètement humiliante pour les garçons et les filles de la classe. Imaginez-la aujourd'hui au 21e siècle, en plein Wokistan à l'ère des médias sociaux triomphants, poser cette question ultra sexiste et genrée à des secondaires 3. On la conduirait au bûcher avant que la cloche sonne. Mais au 20e siècle, je m'étais donc comme je peux adonnée au sujet, tentant de démontrer en souffrant (puisqu'un enfant, s'il a le choix, préférera ne pas choisir entre son père et sa mère) que la femme était supérieure parce que toute sa vie durant elle devait exister tout en menant le combat de l'égalité. Ce qui prouvait sa force supérieure. J'ai eu 9 sur 20. J'avais, selon cette prof, échoué. Sa théorie : l'homme était supérieur car le génie, nous avait-elle expliqué, assise sur un bureau devant une classe mixte de 25 jeunes cerveaux en développement, était masculin.

Elle nous avait ensuite cité en gage infaillible de son argumentaire les Hugo, les Rodin, les Michel-Ange de ce monde qui, fine observation, étaient tous pourvus d'un pénis.

Je hurlerais de m'être fait dire ça par une femme en position d'autorité qu'en plus j'admirais. Le français avait toujours été une de mes matières préférées, cette femme avait une tête sur les épaules, ses analyses de texte étaient pertinentes. Comment pouvait-elle alors réfléchir à un sujet aussi bête de manière aussi idiote ? J'avais dû rééchafauder tout ce que je pensais d'elle. Ça venait de détruire un paquet de mes croyances. Donc, à l'école, je viens de me faire confirmer à 15 ans qu'en gros je suis le sexe faible parce que personne de mes comparses n'a jamais réussi à sculpter la glaise comme Rodin ? Je… Je réponds quoi à ça ?

Je suis destinée à la médiocrité alors ? Genre si j'ai de la chance un jour je réussirai un souper et on m'applaudira comme on est content de voir les singes au zoo, c'est ça ? C'est comme ça que vous nous percevez, Madame ? Mais pourquoi je me fais chier à être sur un banc d'école ? Je vais tout de suite clopiner telle une Quasimodo et aller sonner les cloches de Notre-Dame en visant avec mon seul œil ce destin qui s'offre à moi, alors.

Et puis, attendez que j'y pense deux secondes, qui faisait le lavage de Victor Hugo pendant qu'il écrivait *Les Misérables* ? Vous pensez que s'il avait lavé ses propres bobettes et élevé sa marmaille, son œuvre aurait eu autant de chapitres ? S'il avait passé sa vie à replacer les coussins du salon comme sa femme, peut-être qu'il serait pas dans la Pléiade !

Je rappelle que je n'ai pas étudié au début du 19e siècle, mais bien à la fin du 20e, les femmes avaient le droit de vote et on ne m'avait jusque-là jamais fait sentir inférieure à cause de mon genre. Pourtant, au sein même d'une école privée française, lieu se targuant d'offrir une éducation laïque, issu d'une société avancée, du pays même qui est censé nous éclairer de ses lumières, on venait de ramener la femme bien profondément par les cheveux dans sa caverne.

Tu seras mère, tu seras putain ou sainte, mais ne t'avise pas d'aller jouer dans les pinceaux de Monet ou les stylos de Lamartine, ça serait risible.

C'est bête et en même temps, ça n'est pas innocent. Ça laisse des traces ; la preuve, cette femme de lettres qui sûrement connaissait l'œuvre de Beauvoir par cœur restait héréditairement convaincue de la supériorité de l'esprit masculin. Combien sont-elles à être rassurées par ce concept ? À vouloir la liberté, mais pas au point d'abandonner le confort de la force d'une épaule masculine ? Libres oui, mais pas jusqu'à dépasser l'homme, tout de même.

Tout ça laisse des empreintes inconscientes et crée des travers qui érodent le talent, la confiance, sèment le doute dans la tête des filles. Cela les empêche de se reconnaître comme autre chose que ce qui a déjà été fait et de s'accomplir. Je pourrais hurler de penser à combien de destins de filles et de femmes sont gâchés parce qu'elles n'ont pas accès à l'école et que même si elles y ont accès, on les reléguera automatiquement à des rôles ménagers. Ça n'est pas le ménager qui me fâche. C'est l'automatiquement. C'est que la conscience de nos sociétés ne soit pas assez évoluée pour que les femmes percent les rôles qu'on leur assigne. Ça me fâche.

Je me sens très, très maternelle, j'ai aussi vu ma mère sacrifier des années de sa carrière pour nous élever, et même si je suis née dans une société libre et en bonne partie égalitaire, je dois me battre pour ne pas rester cantonnée à un seul rôle. Pour ne pas laisser la maman que je suis m'avaler tout rond. Pour ne pas rentrer dans ces très forts mécanismes de réflexe et m'oublier sur l'autoroute du sacrifice. S'occuper des autres, pourvoir à leurs besoins, activer son mode robot aimant qui ramasse les chaussettes de tout le monde et passe l'aspirateur même si elle a faim et envie de faire pipi... Mes besoins passeront après.

Non, non et non. Nos besoins ne peuvent pas passer après. C'est pas vrai que la vie moderne nous demande de faire tous ces sacrifices. Au contraire, elle offre plein de nouveaux outils qui nous font gagner du temps, plein de nouveaux services qui peuvent nous aider à être ce que nous voulons. Nous pouvons alterner et être la maman et la putain dans la même journée si bon nous semble. La nonne je l'ai moins en moi, mais encore là, chacun dirige son amour vers ce qu'il veut. Un enfant, son propre sexe ou Dieu, le tout c'est d'aimer, rien de tout ça n'a à être contradictoire.

18
La culture du bien bandé

J'ai vécu de longs moments dépressifs dans ma vie. Bien que j'aie sûrement une prédisposition génétique à la dépression, avec le recul, je vois aussi que c'était des moments où je me mentais. Où je me forçais à prendre des chemins de développement qui n'étaient pas les miens. Des situations où je tentais de me convaincre que j'étais à ma place, jusqu'à ce que je brise. Kapout. Frein d'urgence. C'est assez, me disait mon corps. Rentre chez toi et réfléchis. Tu te mens. Certaines activités devront changer pour que tu ailles à nouveau bien. Le rythme n'est pas le bon. Tu ne te concentres pas sur ce qui t'est essentiel. Tu as cessé de te respecter. Tu donnes trop et ne prends pas assez. T'es débalancée, déséquilibrée. Arrête. Mais alors, je fais quoi ? Rien, tu attends. Tu attends de savoir.

Ark. Attendre. Quand je disais que la recette est simple, mais que le gâteau n'est pas facile à faire, il faut dire aussi que l'on vit dans une culture qui n'aide en rien le gâteau à gonfler. Nulle part on fait un appel à plus d'intimité. Vous ne le trouverez pas dans nos programmes politiques. Ni à l'Assemblée nationale. Ça n'est pas le langage que préfère Internet ni le plus populaire sur les réseaux sociaux. En aucun lieu on nous fait la promotion de ce rythme de développement qui favorise l'atteinte de l'intimité. Partout notre civilisation nous pousse à la performance. À l'érection constante. On nous veut beaux et forts et souriants et efficaces. Enweille ! Coules-en du béton ! Aaah et humez-moi ce bon goudron ! Des rues bien dures. Des belles autoroutes sur les rives d'un fleuve. De l'asphalte, ça, ça recouvre bien de la terre ! Ça, c'est lisse. Arrache-moi ça cette nature qui demande qu'on la comprenne et l'entretienne, ça me met mal à l'aise.

Aaah la culture du bien bandé ! Des cheminées hautes, hautes, hautes qui éjaculent de la fumée. Ça, c'est impressionnant ! Ça, c'est du progrès. Casse-moi ça toute cette ville faite en briques et en pierres taillées à la main, j'ai mes grosses routes à faire passer pour que mon auto roule vite, vite, vite ! Vrouuum ! Il faut que j'aille le plus rapidement possible. Si je m'arrête, je me mets à ressentir des choses comme la peur que mon concurrent soit en train de bâtir la même affaire que moi, mais plus rapidement ! Ça, c'est ma plus grande peur au monde ! Que quelqu'un aille plus vite que moi ! Imagine si je ne suis pas la personne qui court le plus vite de ma classe ? Quel loser.

Suivons ce modèle, il a l'air sain. Recouvrons la terre de béton selon l'ego de ces gens-là, leur course a l'air le fun. Surtout, n'arrêtons pas pour voir, protéger, préserver notre monde et sa nature comme ils sont, non, créons des univers virtuels alors qu'on est incapables de jouir de celui qu'on a. Bonne idée.

Dans cette culture du résultat, la pause n'est pas souhaitable. Ainsi, si tu perds ton chemin, mieux vaut en choisir un autre rapidement que de retrouver le tien. Et au pire, si t'as mal, tu prendras de l'alcool ou te trouveras une drogue. L'important, c'est de ne jamais, jamais, arrêter de performer. Bonne chance.

19
Devenir un ninja de l'amour

Je refuse d'adhérer à la culture de la performance à tout prix. Ça fait trop mal. Ça nous déglingue la santé mentale et physique, sans parler de comment cette obsession du rendement est en train de complètement détraquer la planète. À notre mesure, on peut tous être autre chose qu'un soldat de ce diktat. À notre petite échelle, on peut se donner le droit de vivre autrement que selon cette obligation de compétitivité. Ça ne veut pas dire ne rien accomplir, ça veut juste dire faire l'effort de placer sa loupe sur ce qui est important et précieux.

En gros, c'est assez simple : il faut copier les enfants. Pas le bout où ils savent à peine tenir une cuillère ou font caca dans une couche en fixant le vide, mais leur capacité d'attention à la vie et à l'amour. C'est ce regard, cette concentration que l'on doit savoir garder. Mais ça n'est pas simple. Premièrement, nous n'avons pas le même horaire qu'un enfant. Notre journée ne se résume pas à regarder deux-trois épisodes de *La Pat'Patrouille*, faire une cabane avec les coussins du canapé, hurler parce qu'elle tient mal, refuser de manger les pâtes sans sauce qu'on nous sert (même si on en raffolait la veille), dormir, tenter du mieux possible d'attacher la fermeture éclair de son propre manteau, essayer de casser la glace d'une flaque d'eau avec ses bottes, puis recommencer le lendemain. On n'a pas encore vu d'enfant parler de son changement d'huile, se plaindre qu'il n'y a plus de produit pour déboucher la toilette ou qu'il faudra penser à faire un gâteau sans noix pour le potluck de dimanche.

Les enfants ne le savent pas, mais ils sont à peu près libres comme l'air. Oui, bien sûr, ça se gâche avec le temps, ils ont la responsabilité de l'école, puis sont coincés dans un emploi du temps imposé où ils ne peuvent malheureusement pas se coucher la bouche pleine de Doritos après avoir regardé huit heures en ligne de vidéos d'un youtubeur qui ouvre des cadeaux de Noël. Les enfants, laissés à eux-mêmes, ont généralement de très mauvaises idées. Enfin, comme les adultes, ils vont instinctivement tout droit vers la gratification instantanée. Qui laisse des traces. Mais il n'en reste pas moins qu'ils sont les maîtres de l'instant présent. Surtout tout-petits. Avant 7 ans. Avant que les roues de la raison ne se mettent à tourner dans leur jolie tête. Les enfants sont absolument merveilleux pour rester connectés à la poésie de la vie qui les entoure et qui joue avec eux. Pas encore prisonniers de leur tête, ils sont de vrais ninjas de l'amour. Des petits êtres qui ne sont qu'un cœur. Encore même incapables de mentir.

Je me souviens de mon fils, à 3 ans, qui un jour était arrivé la figure toute bariolée de bleu, la bouche bien baveuse d'encre. Je lui avais demandé : « T'as mangé un feutre ? » Il m'avait tout simplement répondu « oui ». Il y a une grande simplicité dans le fait d'avoir 3 ans. On ne s'en fait pas avec l'avenir, ni avec le passé (on vient d'arriver), on compose nos journées au gré de nos envies, de nos besoins. Et puis, on s'émerveille. On regarde, on est curieux. On découvre. On observe. Et pourtant, ça n'est pas la légèreté qui trône, tout est plutôt assez sérieux. Tout est fait avec passion. Tout a le potentiel d'être grave. D'être vécu avec son cœur. Si vous avez déjà vu un enfant colorier, jouer aux autos sur le plancher ou s'inventer un monde dans lequel un méchant l'attaque, vous avez constaté le niveau d'investissement et de concentration qu'il offre au présent. Chaque activité est incarnée. Vécue comme si rien d'autre n'existait. Les enfants se laissent tout simplement absorber dans le travail sérieux qu'est aligner des figurines d'animaux par terre. Moi, je crois que c'est ça l'amour. C'est cette attention bienveillante du cœur qui crée. Qui existe. Qui fait apparaître ce qui n'était pas là avant et qui va dans le sens d'une croissance qui est bonne pour la vie. Les enfants sont les artisans de cette pratique, sans même s'en rendre compte. Et ils sont les meilleurs à prêcher par l'exemple. À nous influencer à retrouver ce don que nous avons aussi en nous. Comme ancien enfant.

Les enfants sont des champions en amour. Aimer est presque leur travail. Leur arrivée dans notre vie décuple de manière si puissante notre capacité à aimer. Personne ne peut se préparer à cette rencontre. Comment décrire sans l'avoir vécue l'immensité de la charge amoureuse que l'on reçoit à la naissance d'un enfant ? On ne pourrait jamais expliquer à quel point notre cœur élargit par la seule existence de ce nouvel être. Impossible en leur présence de réfuter que l'amour existe, eux qui sont en plus (s'ils sont chanceux) littéralement fabriqués en amour. Deux personnes qui s'aiment qui conçoivent en faisant l'amour (ça le dit dans le nom de l'activité) un être qui leur fera découvrir la plus abyssale dimension de l'amour. Ça fait beaucoup d'amour.

Bon. Bien sûr, je ne dis pas que c'est comme ça que ça doit arriver, et je ne suis pas en train de faire un plaidoyer hétéronormatif contre l'adoption qui dit que l'amour naît quand on a été fait par un papa et une maman qui s'aiment. Imaginez après 15 chapitres vous découvrez que ma recette de l'amour c'est d'être d'extrême droite. Non, soyons réalistes, tout ça est un potentiel. Tout le monde n'est pas issu de parents qui s'aiment intensément. On aime aussi d'ailleurs un peu moins nos petits êtres de lumière quand cette lumière sert à nous réveiller à 3 heures du matin parce qu'ils ont vomi sur leur oreiller, quand c'est pas sur le nôtre. Mais le potentiel est là.

La preuve de l'amour est bien tangible et l'enseignement qui va avec n'est jamais loin. Si on l'accepte humblement, les enfants nous élèvent autant qu'on les éduque. Un peu d'humilité est indispensable, parce qu'il peut paraître plus confortable ou nécessaire de toujours rester dans la dimension « maître-élève » de la relation. Le plus grand montre au plus petit. Fin. Mais ce serait se priver de beaucoup. En principe, les gamins viennent au monde avec un regard neuf, une vivacité d'esprit et ils sont notre suite. Ceux qui reprennent le flambeau d'un chemin tracé par leurs ancêtres. En ça, ils possèdent des outils que l'on n'a pas. En acceptant en plus la prémisse que l'amour est une force de croissance et que les enfants en sont pleins, ils ont beaucoup de choses à nous apprendre.

Ils sont souvent le reflet de ce que l'on doit travailler et nous feront nous retrancher dans des coins de notre être que l'on ne veut pas mettre en lumière. Souvenez-vous de ce que nous disaient nos mères quand on avait mal aux jambes : « Ferme ta gueule et dors ! » Haha, non. Elles disaient : « C'est parce que tu grandis et grandir, ça fait mal. » Oui, grandir physiquement et métaphysiquement, ça fait mal. C'est pourquoi, au-delà de vouloir se protéger de souvenirs douloureux, nous préférons aussi souvent nous couper de l'amour. Lui résister. Bien que cette force nous veuille du bien. Qu'elle semble vouloir nous faire fleurir. Pour la simple joie de nous voir éclore. Cela peut paraître bien abstrait, difficile à saisir même, c'est une équation qui demande l'acceptation d'un certain mystère qui donne le vertige. Un miracle, presque. Mais c'est peut-être ce que je préfère de l'amour. L'amour se fout que l'on croie ou que l'on comprenne. Il se fout que l'on veuille l'expliquer, le raisonner, l'avoir. L'amour est. Point. Et ça me fait sourire.

20
Se laisser faire

Il doit y avoir un moment où l'on baisse la garde. Un moment qui est généralement précédé par un fond du baril, si l'on a trop longtemps résisté au changement. Que l'on a fait notre tête de cochon. Que l'on s'est bucké à de vieilles certitudes qui ne cadrent plus avec ce que notre cœur désire. Notre lâcher-prise salutaire est d'ordinaire amené par une intense phase de « là, ch'pu capable ». Par exemple, la solitude devient telle qu'enfermé dans notre appartement silencieux où même le chat en a marre de nous voir, on finit par dire « je me sens seul ! » juste pour entendre une voix résonner entre les murs. Ou bien perdue dans les interminables paroles d'un énième énergumène qui s'écoute parler et pense nous impressionner pour qu'on finisse dans son lit, on sirote un vin orange en se promettant que cette fucking plaisanterie a assez duré. Si je dois me taper un autre de ces bellâtres prévisibles qui pense être un magicien de la séduction alors que je peux apercevoir tous ses trucs dans sa manche, je vais me défenestrer. De ce restaurant. Au rez-de-chaussée.

Ça suffit. Tout cela a assez duré. J'ai assez souffert. Un jour vient le moment où la pression devient telle qu'enfin, elle nous pousse à vouloir changer. Enfin, changer. Pour que finalement on allume : il doit y avoir un autre chemin. Une voie qui fait moins mal que ça, je peux pas croire ! Il doit y avoir une autre porte, une autre manière d'atteindre ce que je cherche. Je ne peux pas imaginer que ce que je veux devra me coûter aussi cher. J'abandonne. Je ne sais pas ce que je fais. Voilà ! Vous êtes contents ? J'abandonne ! Je l'ai pas la solution ! Je baisse les bras. Et là, paf. Dans ce moment où l'on cesse de penser qu'on sait, la porte s'ouvre. Notre esprit accepte d'entrevoir les choses autrement. De ne pas constamment anticiper, contrôler et partir du principe qu'il sait ce qu'il nous faut.

Alors peu à peu on cesse de se fermer à de nouvelles avenues. On laisse un peu plus de place à l'inconnu. Et le progrès peut apparaître. La nouveauté peut s'installer. Maintenant, le passé fait trop mal. On ne sait alors pas exactement ce que l'on veut, quelle couleur cela prendra, mais on sait où l'on ne veut plus jamais retourner. Et c'est là qu'entre ce que l'on redoute tous : le vide. Le rien. La mort. Ce moment d'entre-deux. Où la vie change len-te-ment notre décor. Allez, prochaine diapositive. Cette espèce d'état moitié larve, moitié grenouille qui ne ressemble à rien, c'est une inconfortable transformation où l'on pleure ce que la vie n'est finalement pas et où l'on ne sait pas encore ce qu'elle est. Berk. C'est une position floue que l'on essaie généralement d'éviter parce qu'elle s'explique mal dans les cocktails. T'as déjà rencontré le regard mal à l'aise de convives qui viennent de te demander ce que tu fais dans la vie ou si tu es marié et t'as rien à répondre de joli parce que t'es dans une sale phase de transition où tout est abstrait et n'a aucun sens ? Ça fait se recroqueviller les invités des 5 à 7 comme des hérissons qui s'empressent de rouler jusqu'au bar en prétextant devoir se remplir un nouveau verre.

Le flou est interdit. Le flou n'est pas excitant. Il est l'inverse de la performance. Nous apprenons à le fuir comme la peste. Et c'est bien dommage. Car le flou, comme le deuil, c'est très important. C'est le mois de novembre de notre existence. Tout le monde déteste le mois de novembre. Le capitalisme l'exècre à un tel point qu'il le déguise en mois de décembre. Dès qu'octobre se termine, l'Halloween et ses citrouilles doivent impérativement faire place aux lutins et aux clochettes du père Noël. Pourtant, la fête des morts devrait laisser la place à la fête du deuil. Mais exit le deuil dans notre société. Il est quasi interdit. Les tablettes des magasins ne feront pas la promotion du vide. Nulle part on te dira « C'est le grand week-end où on a rien à vous vendre ! ». C'est dommage, parce que le vide intérieur est pourtant un truc assez présent et populaire chez les humains. Mais il est caché.

Le mois de novembre est le mois de la mort moche. Octobre est un déclin, mais arbore des jolies couleurs. Novembre n'a que deux-trois feuilles qui tiennent bon, accrochées par hasard aux branches nues comme les cheveux irréguliers des crânes dégarnis. Novembre est un vieillard un peu Alzheimer dans un fauteuil en faux velours d'une maison de retraite affreuse. Personne ne l'aime. Pourtant, Gérard en aurait long à raconter. On voudrait déguiser Gérard, lui mettre des guirlandes de Noël, lui teindre les cheveux qu'il lui reste, faire semblant que la vie ne se terminera pas. Mais la vie se terminera. Novembre est nécessaire pour se souvenir de juillet. Pour célébrer ce qu'il y avait et faire table rase pour ce qui viendra. C'est un répit. Presque un élan. Mais c'est vrai qu'il fait mal.

Je me souviens du vide. Les moments de profond vertige que j'avais ressentis avant de rencontrer l'amour. Ces moments où je ne croyais plus en rien. Où je me sentais complètement déconstruite, hantée par la crainte de rester seule et oubliée. Malheureuse des relations que j'avais vécues et très incertaine que je connaîtrais autre chose. J'avais l'impression de vivre un manque de réciprocité totale. Les amitiés assez superficielles que j'entretenais à l'époque n'entendaient pas ma peine ou ma peur. J'étais vraiment seule. Et pourtant, j'étais sans le savoir, en m'étant accordé cette solitude et en ne cherchant pas coûte que coûte à remplir le vide, en train d'installer en moi la clé de l'amour : l'intimité. J'étais en train d'apprendre à me connaître, à m'aimer, à me suivre dans mes petits élans de vie. Mes simples envies, mon quotidien. Seule. Sans les autres. J'étais en train de me donner la place pour me déployer.

Mais ça n'avait rien d'agréable. C'était fragile. Dans ces moments, on voudrait de toutes nos forces retourner dans d'anciennes habitudes. On voudrait se pendre au cou d'un sauveur, redonner sa chance à une ancienne flamme. Quand on y pense, ce couple était-il vraiment si pire ? Il me semble qu'on avait aussi des bons moments. Peut-être qu'on n'avait pas travaillé assez fort. Peut-être qu'on aurait dû mettre plus d'efforts dans la relation. Tenter de la faire fonctionner. Pour la millième fois.

N'importe quoi. Il faut aussi se souvenir de ce que ça nous coûtait ce couple, pleurer tous les soirs, ne jamais se comprendre, vivre dans la peur de la jalousie de l'autre et j'en passe. Alors voilà, il ne reste rien. Pas d'anciennes relations et pas encore de nouvelles. Rien. Juste cette infâme période où le temps semble gluant et figé. Mais en fait, pendant qu'autour de nous rien ne se passe, qu'à la surface notre vie semble gelée comme un hiver, sous la terre : mon Dieu, tout ce qui se trame ! Tout ce bourdonnement d'un printemps encore invisible. Toute la promesse d'un mois de mai auquel il est impossible de croire en novembre ! Mais mai ne peut pas être mai sans novembre. Il faut savoir lui faire de la place. Il faut accepter de tuer le passé et faire son deuil pour que naisse l'avenir. Alors laissons novembre être novembre.

21
La vie sans montage

Je suis arrivée sous le petit pont à sa rencontre, ne sachant pas que j'entamerais avec ce premier pas la relation la plus significative de ma vie. L'amour n'est pas un conte de fées, mais ça peut être une belle histoire. J'avais d'ailleurs, quelques mois avant mes retrouvailles avec l'homme au petit pont, souhaité dans mon journal que la vie se fasse créative. J'aimais espérer que le jour où je rencontrerais l'amour avec un grand A, l'histoire serait intéressante à raconter. Moi qui les aime tant, les histoires. Je voulais avoir un récit original à offrir à la fameuse question « Comment vous êtes-vous rencontrés ? ».

On était amoureux au primaire. J'ai déménagé à Paris à la fin de ma troisième année, il m'a retrouvée sur Facebook vingt ans plus tard. On s'est mariés, on a eu trois enfants. Fin. J'ai été servie. Mais dans les faits, pas « fin ». Dans les faits, la fin du film est le début du film. On nous montre rarement de quoi est fait le fameux « et ils vécurent heureux... ». On ne nous le détaille pas vraiment. Le paroxysme du film d'amour est le mariage. On suit l'énigme de la rencontre, les embûches pour arriver à se séduire, la déclaration d'amour, le mariage, vous pouvez maintenant embrasser la mariée, son de cloches qui annoncent la joie et l'allégresse, baiser chaste où Cendrillon n'apparaîtra pas comme une dépravée qui aime se faire taper les fesses et tirer les cheveux. Rideau ! Mais, c'est un peu court, jeune homme. Ça fait pas des enfants forts, cette histoire-là. Le meilleur exemple de la suite de cette fable est sûrement *Les Filles de Caleb*. Où l'on souhaiterait que toute l'histoire se déroule dans la rencontre d'Ovila et Émilie. On aimerait que le gros de l'action se passe dans l'anticipation de leur séduction mutuelle. Que l'histoire se termine au mariage. Ou à la lune de miel, si vous insistez pour voir Roy Dupuis se baigner nu au clair de lune. Mais l'amour n'est pas livré avec une trame narrative à l'américaine. Et si l'on fait se dérouler la suite du récit, alors on assiste à l'alcoolisme, aux mensonges, au manque d'argent, aux maladies infantiles et tout le stress, la pression, les épreuves, les tracas, les deuils, la souffrance qui peuvent régner dans une union. Sans forcément prendre les tribulations d'un couple rural du 19e siècle en exemple (même si je leur emprunterais bien quelques chevaux, leur rapport au temps, à la nature, et leur campagne québécoise bucolique), on sait que le quotidien d'une union n'est pas la facilité même.

Même si j'ai d'abord basé tout mon savoir et mon apprentissage amoureux sur la série américaine *Beverly Hills, 90210* que je regardais avec attention dans les années 1990, je ne recommanderais pas de se fier sur ce qui se dit dans les séries ou au cinéma pour apprendre l'amour. Oui, ça m'avait permis de savoir que pour s'embrasser, il faut bien sûr que la fille mette ses bras autour du cou du garçon. Que c'est l'étape numéro un, qu'ensuite il faut fermer les yeux en ouvrant légèrement la bouche. L'ennui, c'est que les yeux fermés, on voit rien. Donc il faut viser le visage de l'autre à l'aveuglette ou savoir ne pas fermer les yeux trop vite. Je parle d'expérience ; à mon premier baiser, les deux bouches ne s'étant pas convenablement assemblées, le garçon avait fini par me lécher sous le nez et j'avais passé le reste de la fête avec l'odeur de sa bave. Toutes ces émissions m'auraient donc menti ? Je ne voyais pas trop ce qu'il y avait de si incroyable à s'embrasser.

Et s'était ainsi entamée ma difficile mais nécessaire rencontre avec la réalité. Le virtuel ne nous renseigne pas bien sur le réel. On n'embrasse pas comme dans *90210*. J'ai eu cette leçon aussi à mon mariage à l'église. Oui, dans les films, la phrase « vous pouvez maintenant embrasser la mariée » annonce la fin de la cérémonie religieuse du mariage, le moment où s'ensuivent les confettis, le riz, les cloches et cette espèce de ligne d'arrivée absolue de l'amour où enfin le prince et la princesse pourront commencer leur conte idyllique. Mais dans les faits, si tu te maries dans une église catholique, une fois que le prêtre vous autorise à vous embrasser, la caméra revient tout de suite sur lui et il reste un tas de choses à faire : génuflexions pieuses, distribution d'hosties, eau bénite projetée, puis une série de « debout, assis, à genoux, serrez la main de votre prochain » qui rappelle les chorégraphies de corde à danser que l'on faisait dans la cour d'école. La vraie vie manque cruellement de montage.

22
Et ils vécurent heureux et se chicanèrent

Des petites culottes étalées sur le plancher. Bien à la vue. Plus de café dans le fond du pot. Quelqu'un a oublié d'en racheter. Et il n'y a plus de sacs de recyclage ?! La boîte est vide ! Qui a pas dit qu'il avait pris le dernier ? Les boîtes à lunch sont encore à nettoyer. J'en ai tellement marre de laver des thermos croûtés. Pourquoi les thermos ne vont pas au lave-vaisselle ? J'ai plus de thermos à laver que d'enfants à aimer. La routine d'une vie familiale est un paquebot à faire voguer. Elle est lourde et prend de la place. Survivre aux mille et un aléas du quotidien sans que la pression nous irrite n'est pas simple. Et dans tout ce bordel, ô comme il est alléchant d'engueuler l'autre et de le rendre responsable de notre misère. Je souffre, qu'est-ce qu'il a encore fait ? Cette équation est tentante. Il existe selon moi deux sortes de chicanes : celles qui sont nécessaires, remettent les pendules à l'heure et font avancer la communication du couple, et celles qui sont juste stupides. Celles-là sont du bruit. De l'impatience. Du stress ou du manque de sexe qui ressort comme de la vapeur par une soupape. Certaines chicanes ne veulent rien dire. D'autres sont très importantes.

Elles sont un dialogue que j'aime classer par dossier. « Finances, travail, sexe, santé, gestion du quotidien, jalousie, éducation des enfants, répartition des tâches, partage du temps, intendance de la belle-famille, ta collègue qui te cruise et que je déteste, etc. » Tous les dossiers sont ouverts en même temps. Et on poursuit les conversations sur ces sujets au gré des jours, une à une, pour tenter de se mettre d'accord petit à petit. Parfois, pendant les grosses chicanes, on peut remettre TOUS les dossiers en même temps sur la table. Au fur et à mesure que la chicane avance, on peut choisir un autre sujet et piger dedans pour se venger et tenter de démontrer à l'autre comme il a tort encore plus fort. Quoi qu'il arrive, quelles que soient la durée et la gravité de la chicane, le but à atteindre est toujours le même : que la femme ait raison.

Non, de se comprendre.

C'est comme ça qu'on sait si on est dans un couple qui nous construit ou nous détruit. Est-ce que les engueulades, les désaccords, les moments où l'on se pogne servent à la fin à s'expliquer ? Ou à se liguer l'un contre l'autre et chercher sempiternellement une seule chose : avoir raison ? C'est très le fun, avoir raison. Qui n'aime pas ces moments où il peut dire à l'autre du haut de son trône haut comme l'Olympe : « Je te l'avais dit ! » Sortez tambours et trompettes, fanfaronnons jusqu'aux petites heures du matin, ce que j'ai prédit qui allait arriver s'est produit ! Je suis une déesse de l'anticipation, je manie la boule de cristal comme Crosby manie le bâton, j'attends ma médaille, mes fleurs, mon trophée : hourra moi !

Tout le monde aime avoir raison et que l'autre ait tort. Mais il y a des conversations qui construisent le couple qui ne peuvent pas servir à avoir raison. Celles-là ont pour but d'apprendre à respecter les besoins de chaque partenaire et ce qui leur importe fondamentalement. C'est difficile parce que même si ce qui nous unit est bien souvent ce que l'on a en commun, dans les faits les personnes du couple sont deux êtres très différents. Même ceux qui en apparence sont issus de la même culture, de la même éducation ou des mêmes parents. Non, pas des mêmes parents, parce que ça c'est dégueulasse. Mais même ceux qui se sont rencontrés sur les bancs de la même église de la vie restent profondément distincts à plein de points de vue. Et la chimie ne suffit pas, il peut sembler parfois impossible d'arrimer les souhaits de chacun et de s'entendre. Tu ressens ce besoin intrinsèque de faire le tour du monde en bateau comme te l'a montré ton grand-père, moi j'ai autant le pied marin qu'un chat et je me mouille à peine les cheveux dans une piscine. Je pourrais pendant une engueulade te dire, pleine de mauvaise foi : Non, mais vas-y faire le tour du monde avec une autre fille que moi ! Trouve-toi une pirate sportive qui aime faire de l'aviron ! Clairement tu voudrais que je sois ce que je ne suis pas ! Pauvre de moi, à l'aide, je suis une victime !

On peut faire ça. Et souvent on le fait. On sort notre plus beau porte-voix et on se met à clamer la frustration accumulée sur un sujet. Au début c'est plutôt n'importe comment. Ce sont des genres de jets qui sortent maladroitement de l'embout d'un percolateur. Rien de noble. Des flatulences verbales. Si on s'applique vraiment à être con pendant l'engueulade, on dit beaucoup de choses que généralement on regrette. Plus la chicane dure, plus on court le risque d'émettre des phrases que l'on voudra reprendre. Et alors, tel un magicien qui doit ramasser platement son matériel à la fin d'un numéro, on devra remballer tous les mots que l'on ne pensait pas vraiment. Ça fait de beaux moments d'humilité. L'un des deux doit se tanner d'être fâché et aller vers l'autre qui boude quelque part dans la maison. Parfois on redouble d'imagination pour illustrer notre stupidité et on fait des trucs extrêmes pendant la chicane, genre *unfriender* l'autre sur les médias sociaux alors qu'on vit dans la même maison. Et là, il faut faire cette marche de la honte et refaire une demande d'amitié à quelqu'un avec qui on est marié. Ah, la vie, on ne s'ennuie pas, hein ?

Ces moments où l'on ravale son orgueil sont primordiaux, ils viennent avec le rappel soudain que l'on ne peut pas vivre sans l'autre. Avec cette certitude qui s'est installée, cette conviction qui pèse désormais dans la balance : être en chicane contre son partenaire prend trop d'énergie. C'est pas rentable. Il faut réparer les pots cassés. Que l'on s'aime à nouveau. Marcher sur son orgueil est un bon investissement. L'ego est de très mauvais conseil. Car l'ego aime gagner. Rien de mal à ça, mais ça ne bâtit pas des relations réciproques ultra fortes. Une fois la poussière retombée, que l'on en a assez d'haïr l'autre dans son coin, c'est bien de retourner dans son cœur. De descendre de ses grands chevaux et de sa tête et de se souvenir que l'on s'aime.

Merde, on s'aime encore. Il va falloir travailler. Le soir de mes noces, ma grand-mère, qui a eu 13 grossesses et a été mariée des décennies à mon grand-père, m'avait prévenue : le mariage, c'est merveilleux, mais c'est du travail. Bien sincèrement, du haut de mes huit minutes d'union maritale, je ne peux pas dire que je comprenais dans ma chair ce que mon aïeule voulait dire. Je l'avais déjà entendu, je savais qu'elle avait raison, mais je ne comprenais rien. En quoi c'est du travail ? Ça représente quoi concrètement « travailler sur son couple » ? Ça représente des heures et des heures et des heures de dialogue. Ça signifie avoir l'honnêteté de raconter ce qu'on traverse. On ne sait pas toujours exactement ce qu'on vit, mais ça aussi il faut le respecter. C'est justement en faisant sortir tout croche ce qui nous traverse que l'on finit enfin par atteindre la terre promise : se comprendre ! Ressentir au plus profond de soi qu'un autre être humain entend ce qu'on est, cette leçon vaut absolument un fromage. Même si on a d'abord envie de se le balancer à la gueule.

23
Au royaume de la fidélité

Je ne sais pas exactement pourquoi je suis fidèle, mais je le suis. Je le comprends, mais seulement rationnellement. Je saisis le fait de ne pas trahir l'autre, de ne pas mentir, de ne pas lui faire de la peine. Je comprends que je dois me sauver des conversations désagréables, ne pas vivre dans les cachotteries, et puis je comprends que c'est mal. Que ça fait souffrir, que ça détruit la relation, de mentir. Je vois que ça déferait la confiance que l'on a l'un pour l'autre, ça démolirait tout un pan de notre monde et de cette base sur laquelle on pensait que l'on s'était entendus pour bâtir. Je vois pourquoi ça n'est pas une bonne idée.

Mais au fond, je ne suis pas sûre de comprendre pourquoi l'exclusivité est ce qui préserve ce lien. Le côté précieux de tout cela. Mon psy (encore lui), du haut de ses quarante quelques années de fidélité à sa femme, me dit que ce n'est pas à elle qu'il est fidèle, mais à lui. Avec deux fois moins d'années de vie d'expérience que lui, je ne peux pas dire que j'ai encore intégré ceci, mais ce que je sais c'est que si l'on est bien dans cette forme d'union qui n'est peut-être plus à la mode, la monogamie vient forcément avec des conversations qui ne sont pas toujours le fun à avoir. Vous ne passerez pas une vie ensemble sans être attirés par un tiers. Ni l'un, ni l'autre. Il y aura moult personnes intéressantes, intrigantes et bandantes sur votre passage. Bien d'autres fourches que l'on pourrait prendre. Des fourches qui nous mèneraient vers d'autres vies que la nôtre. D'autres scénarios, d'autres destins.

La mort qui nous guette nous affole. Il est facile de tomber dans ce vertige du choix. De se demander sans cesse si l'on a pris le bon chemin. De sans cesse changer d'idée, ne jamais prendre racine. De penser à tout bout de champ que notre bonheur est ailleurs. Combien de gens voit-on quitter des situations pour recréer ailleurs exactement les mêmes problèmes? C'est tentant de toujours recommencer et de se garder dans la phase enivrante du début en abandonnant la relation dès qu'elle commence à ternir. Hop, on change, comme on jetterait un vêtement au lieu de le raccommoder pour se griser de la sensation du neuf. Au fond, quand on fait ça, ça n'est pas l'amour qu'on cherche, c'est la séduction. Celle qui vient avec une chasse, mais qui se termine dès que le but est atteint. Une fois que la proie passe à la casserole, alors elle perd de son attrait. Le but est conquis. Fin.

Pourquoi notre culture aime tant cette odeur de char neuf? La nouveauté est exquise parce qu'elle satisfait notre curiosité, notre soif d'apprendre, d'évoluer, mais plus superficiellement la nouveauté est un gage de perfection. Le vêtement qui sort du magasin n'a pas encore de taches, de trous, il n'a pas perdu sa forme, il nous donne cette impression d'être une réussite. Mais ce sentiment est éphémère, on voudrait le conserver. L'embouteiller. La nouveauté efface aussi la mort. Elle est synonyme de naissance. Elle nous rappelle le printemps, quand tout est frais et beau et si loin de flétrir. Tout cela est amusant. Nous voudrions retenir cette jeunesse à tout prix. Ne jamais en faire notre deuil. Figer sa figure dans du plastique, espérer que l'on ne périra jamais. Qu'à nous ça n'arrivera pas, que l'on ne sera pas remplacé par un autre joueur, que la roue s'arrêtera à nous, qu'elle cessera enfin de tourner. Nous sommes le nec plus ultra de l'espèce, son apogée, pourquoi passer à autre chose?

C'est sans fin. Le chemin de l'ego qui a peur de mourir est une course infernale. Sauter d'une relation à l'autre pour recréer les débuts où tout va bien est une promesse d'échec bien cruelle. Parce que le temps passe. Et à force de recréer sans cesse le même mécanisme par peur, par confort, par vanité, on se prive d'un des plus grands bonheurs qui soient: grandir. Changer, sentir que tu as appris. Que tu es plus conscient qu'avant. Mieux outillé pour faire face aux aléas de la vie, plus riche d'une connaissance de toi, plus loin sur ton petit chemin spirituel, celui qui donne un sens à l'existence. Sentir qu'on est plus vivant en somme. On doit protéger et chérir et respecter tout ce qui favorise ce chantier. C'est donc à cela qu'il faut rester fidèle. Surveiller que nos décisions nous font nous épanouir. En ça, le couple est une merveilleuse aventure propice à nous aider. Une relation qui permet de se confier, d'exprimer l'entièreté de notre vérité, est un espace de dialogue sacré. Un concept parfait pour mieux faire son chemin et le faire, comble de tous les luxes : accompagné.

C'est pour cela que c'est très précieux, et bien qu'il puisse y avoir des aspects moins rutilants de cette forme d'union fidèle comparée à une relation choisie par intérêt, soit-il financier, égoïste ou vaniteux, je pense que dans le temps, rien n'égale la richesse des relations à long terme dans lesquelles on ose s'investir. La fidélité (qui n'est pas forcément synonyme de monogamie) préserve sûrement ce lien. Ne serait-ce que parce qu'elle est synonyme de vérité envers soi et l'autre. Donc d'amour.

24
Le miracle terrifiant

Le danger des recettes, c'est d'en faire des dogmes. Par définition, la vie, c'est vivant (oui, je suis allée à l'école longtemps pour dire des choses pareilles). Qui dit vivant dit qui bouge, donc même si on acquiert certaines certitudes avec le temps, ça n'est jamais vraiment le moment de s'asseoir. Le soleil qui se lève amène toujours de nouvelles choses à dire, à vivre, à faire, les humains grouillent. Il y a tant d'aspects de ma vie auxquels j'aimerais pourtant m'accrocher. Mes enfants grandissent et ça me fait mal. Comme je me souviens d'eux tout-petits ! Quand ils étaient bébés. Comme j'aimerais garder la sensation de leurs petites mains, leurs éclats de rire, leur candeur. Comme je voudrais que ne filent pas leurs plis de cou, la chaleur qu'ils dégagent quand ils viennent se réfugier dans notre lit. Oh que la confiture des jours nous passe entre les doigts. Tout ce qui est bon se terminera. Je voudrais m'assommer pour ne rien ressentir de cette douleur. De cette inévitable fin. Je voudrais les serrer et enfouir mon nez dans leurs cheveux et les garder enfants. Pour toujours.

Un jour, les souvenirs que nous aurons créés entre les murs de cette maison disparaîtront. Nous rangerons le passé dans des cartons et viendra même le temps où il sera réduit en cendres. Pouf, disparu. Nous n'aurons eu que ces moments. Ces incroyables instants de quotidien ensemble. De repas partagés et de bains à donner, de films regardés ensemble, tout le bal de notre routine mourra alors qu'il aura été roi. Pourquoi tant aimer si c'est pour tout perdre ? Eh bien, juste parce que. Juste parce qu'on le peut. Parce que c'est une chance immense, un phénomène inouï que de pouvoir aimer sur une petite planète. D'avoir la force d'un cœur. Pourquoi voudrait-on uniquement se réfugier dans les insipidités de l'ego quand on peut vivre la force vertigineuse de l'âme ? Ne serait-ce qu'un peu ? À petite dose si on préfère. Les choses de l'âme semblent en ce bas monde vouloir être reléguées au domaine du kétaine. Parce que ça n'est pas assez tangible. C'est trop mystérieux. Alors on fait de nous des consommateurs, alors qu'on pourrait être des amoureux. Pourtant, loin des huiles essentielles et des cristaux que l'on vous vantera au marché aux puces, les choses de l'âme sont tout simplement celles qui nous nourrissent. Moins concret que de s'acheter un char, certes, j'aimerais néanmoins que l'on arrête de percevoir ce qui nous alimente spirituellement comme futile. Je pense qu'au contraire, nous savons que ces nourritures de l'esprit sont primordiales, mais on choisit de les ridiculiser ou de les faire passer comme secondaires. En somme, de les fuir.

Notre destruction de la nature et nos échecs en environnement en sont bien la preuve. Maintenant imaginez des villes, des quartiers, des mondes créés pour respecter aussi nos âmes. J'ai le cerveau qui explose juste d'y penser. Imaginez comme ça serait beau. Supposez un instant que tout soit fait pour satisfaire le caractère joyeux, poétique, harmonieux et mystérieux de la vie comme le fait notre culture avec l'instantanéité, l'image et l'ego. C'est si loin de notre réalité que l'on a même du mal à se le figurer. Une civilisation où tout ne tendrait pas vers le résultat, la performance, le besoin insatiable de reconnaissance. Imaginez une société qui voudrait protéger la beauté, ce qui est fragile, qui nous amènerait à porter toujours plus d'attention à ce qui est vraiment important. À l'amour.

Pourquoi ne reconnaissons-nous pas plus que l'amour est un miracle ? Que c'est une énigme incommensurable de l'avoir au beau milieu d'un univers tout noir ? Que comme l'eau, nous devons le célébrer, comprendre comme il est improbable ? L'eau est un miracle que nous tenons pour acquis, comme le reste. Pourquoi résister et ne pas se laisser emporter par l'amour, par tout son mystère ? Pourquoi constamment lutter, retourner dans ce qui nous détruit, nous fait stagner ? Pourquoi avoir si peur ?

Qu'y a-t-il de si terrifiant à sauter dans le vide? À se laisser porter par l'inconnu? Pourquoi passer tant de temps à s'éviter soi-même? À se cacher sa vérité, à la couver, à la maintenir dans son œuf? À la protéger, au fond. Nous avons été blessés tant de fois, nos cœurs d'enfant ont été piétinés, déçus, jour après jour. Ce passage à l'âge adulte renferme tous les souvenirs douloureux de ne pas avoir été compris. D'avoir confié son innocence à un monde qui en a ri. Alors bien sûr que nous avons préféré nous parer de couches protectrices. Dans notre incapacité à nous connecter aux autres, à aimer et à nous laisser aimer simplement, il y a toujours un traumatisme. Il y a l'insupportable souvenir de ne pas avoir été aimé comme on l'aurait voulu. La faillite d'un amour que l'on aurait espéré inconditionnel. Mais qui, souvenez-vous, venait bien sûr avec tant de conditions. L'enfant n'est pas dupe, il sait ce qu'il doit faire pour obtenir l'attention. Soit-elle même négative. Si c'est le seul attachement qu'il peut trouver, il le fera par la négation. Un regard négatif vaudra mieux que pas de regard du tout. Et c'est ainsi que démarrera son fabuleux voyage vers la dépendance affective.

25
C'est pas du beurre

Oh que ça fait mal. Quand on a mis tant d'efforts et de temps, qu'on a déversé toute sa bonne volonté vers une relation qui ressemblait à de l'amour... mais qui au final n'en était pas. La dépendance affective, cette chienne. Cet amour synthétique. Cette fleur en plastique qui se parfume pour faire semblant qu'elle sent bon. Oui, ça ressemble à de l'amour. Mais la grosse différence c'est que les relations qui baignent dans la dépendance affective sont des quêtes impossibles. Tout est dans la quête en fait. Comme une colline que l'on doit sans cesse gravir. On se dit qu'un jour on finira par se tenir debout au sommet. Un jour on pourra bâtir. Un jour cette relation sera stable. Si l'on pouvait juste y mettre un peu plus du nôtre, juste changer ceci, lui faire comprendre cela, s'il pouvait juste répondre à mes textos, me donner l'attention que je mérite, et si je pouvais juste arriver à lui faire voir comment je suis, alors je sais qu'on s'aimerait. Faux! C'est perdu d'avance. Je répète, la dépendance n'est pas de l'amour. Tout comme l'absence momentanée de souffrances ou l'euphorie que procure la drogue ne sont pas le bonheur. Ça y ressemble, chimiquement, la sensation est voisine, mais c'est comme la margarine : c'est pas du beurre.

Si c'est le beurre que tu veux, alors j'ai le regret d'annoncer qu'il faut renoncer à la margarine. S'avouer une fois pour toutes que la dépendance affective ne suffira pas. Comment ? Accepter que l'amour, ça ne fait pas mal. Je sais, il va falloir corriger tout un tas de chansons qui disent le contraire, mais l'amour ne nous détruit pas. Si ça nous détruit, ça n'est pas de l'amour. Point final.

26
Les lâches

Je les connais trop bien et par cœur, les faux forts. Les séducteurs qui se servent des femmes et de leur conquête comme d'une drogue. Comme d'une manière de confirmer leur valeur. Ils ont besoin de nous chasser et de nous manger pour continuer de se penser bons. Pour que le high persiste. Pour se sentir vivre et exister. Combien de proies tombent dans le piège ? Combien se font miroiter la chance d'être dans le carnet d'adresses du bellâtre ? Combien se font envoûter par ces promesses qu'elles ont ce qu'il faut pour être approchées par ce genre d'homme ?

À moi ? Il s'intéresse à moi ? Je dois donc être spéciale, unique, différente ! Je dois être une perle, un joyau, un bout de ciel ! Je ne suis pas comme les autres filles ; si cet homme mystérieux que toutes les femmes convoitent m'approche moi, c'est que je suis quelqu'un.

Ça ne pourrait pas être plus faux. Rien n'est moins unique que de se faire pourchasser par ce genre d'homme. Il courrait après une chaise si elle lui résistait minimalement. Certains sont des professionnels de la drague, des athlètes de haut niveau, ils savent ce qu'il faut dire, comment faire languir la demoiselle, afin qu'elle ne soit jamais vraiment certaine de leur intérêt envers elle. Ils manient le rythme des messages, des promesses, des rendez-vous annoncés puis annulés comme le premier violon d'un orchestre. Ils aiment que ça fonctionne, ils aiment le pouvoir que leur procure ce jeu. Cette séduction, savoir qu'ils plaisent, qu'ils attirent, se font désirer et admirer, c'est chez eux un besoin primordial. Ils veulent la sensation de cette chasse, comme un bébé réclame son lait. Rien de tout ça n'a réellement à voir avec la personnalité ou l'âme de la femme avec qui ils jouent. Oui, bien sûr, certains bouts de viande sont plus divertissants que d'autres. Certaines femmes ont à leurs yeux accidentellement un talent, un intellect, un sens de l'humour. Mais tout ça n'est qu'épices, décorations amusantes sur une proie. Ça pourrait être Cléopâtre, oui il serait flatteur pour l'ego que de se dire que ce séducteur est parvenu à attraper une femme de pouvoir, mais rien de tout cela ne lui importerait réellement. Au fond, son opinion des femmes est basée sur le constat qu'elles tombent toutes dans ses pièges. Il n'a pas grand respect pour elles, puisqu'elles sont toutes assez faibles pour céder. Toutes. Même celles qui ont du pouvoir.

Comme il est fort. Comme toutes ces femmes sont naïves, c'est bien la preuve qu'il est puissant et qu'elles ne le sont pas, puisqu'il arrive à séduire même celles qui aux yeux de notre société sont respectables. Comme de simples quilles, il parvient à toutes les faire tomber. Il va de soi qu'il finit par s'emmerder au jeu, alors il doit chaque fois augmenter sa mise. Tenter de défaire un mariage, s'attaquer aux femmes de plus en plus belles, jeunes, importantes...

C'est son passe-temps. Tomber pour ce genre d'homme est une très mauvaise idée. À moins de vouloir à son tour jouer, mais encore là, le piège se refermera sur celle qui ne veut que s'y amuser. Rejeté, ce genre d'animal devient méchant et parfois violent. Il déteste perdre. Il ne peut pas supporter de voir son ego atteint, surtout par une femme qu'il convoite. Si par malheur il se sentait humilié ou avait l'impression de devenir le dindon de la farce, il se vengerait. Parfois gravement, violemment, mais aussi sournoisement. Certains iront dans une vengeance qui ne se voit pas, feront fallacieusement humilier la belle, joueront de leur pouvoir pour l'empêcher d'accéder à des positions professionnelles, ils saboteront sa vie pour réduire la femme à ce qu'elle doit rester : moins forte qu'eux.

Mieux vaut se tenir loin de ce genre d'énergumène. Ces jeux de pouvoir ne sont pas de l'amour. Si c'est l'amour que vous cherchez, au moindre indice de cette toxicité, fuyez.

27
Épouser son papa

« Je serai celle qui le change ! Mon combat ne sera pas vain. » Naon. Tu le changeras pas. Pour la simple et bonne raison qu'on ne change pas les gens. Quand les gens changent, c'est qu'ils décident de le faire eux-mêmes. Il ne faut pas perdre son temps et son potentiel amoureux et relationnel dans un projet. Ça non plus, ça n'est pas de l'amour. C'est du bricolage. Un chum n'est pas un travail de scrapbooking. Ça n'est pas un tableau Pinterest, on ne fait pas ça avec les gens. On ne les regarde pas d'un œil en mesurant leur perspective ou en les tassant juuuuste un peu vers la gauche pour voir si entre la fenêtre et l'autre mur, ils vont mieux dans notre décor.

L'amour n'est pas un projet de rénovation. Mais je vois comment ça pourrait être tentant. C'est attirant de vouloir contrôler quelqu'un de la sorte. D'attraper un gars (ou une fille) qui fait preeesque l'affaire. De se dire qu'en rajoutant un peu de zèle, des chaussures à talonnettes, en le poussant à changer de job et en corrigeant son langage, nos parents seront heureux pour nous. C'est invitant d'en pogner un dans le caniveau, un beau gosse misérable et alcoolique qui a, selon ce que l'on raconte aux copines, « juste peur de l'engagement », puis se dire : Je le dresserai comme un petit chien. Avec moi, tout sera différent. Une fille assez forte ne s'est tout simplement pas encore attelée à la tâche, mais pour moi ce garçon changera.

Naon, il changera pas. C'est de la folie de commencer une relation dans ces conditions. Ou alors il faut aimer souffrir. Ou avoir oublié une étape cruciale de la recherche de l'amour : ne plus vouloir épouser son papa.

Berk, pourquoi on voudrait épouser son père ? Mais parce qu'il y a plein de connexions bizarres qui se font dans le cerveau pendant qu'on apprend l'amour quand on est bébé et enfant et, après, un langage amoureux avec son parent s'inscrit dans le corps et on devient tout mêlée. Faut bien que quelqu'un nous l'apprenne, l'amour. Généralement ce sont les mêmes gens qui nous apprennent à marcher. Si on n'a pas eu de papa parce qu'il est parti ou mort ou qu'on a grandi en foyer d'accueil, c'est pire. Mais ça revient aussi un peu au même. Parce que le premier langage amoureux qui est inscrit dans notre corps est un message d'amour impossible. Je m'avance, je n'ai pas lu d'études scientifiques sur le sujet mais on n'est pas supposé marier son parent. Cet amour est donc voué au cul-de-sac, ce qu'il est destiné à être. Mais on en a besoin désespérément quand même.

On peut passer toute la vie à vouloir l'amour de son père. Et si on cesse de le chercher en lui, on le cherchera en des hommes comme lui. Qui éveillent la même chose qu'il avivait en nous. Cette approbation si désespérée et inconsciente, cette reconnaissance profonde de notre être, cette écoute empathique qui inscrirait dans notre chair que l'on existe, cette validation suprême, ce sentiment qui dit « je te vois », c'est ça qu'on cherche.

Cette nourriture des dieux est presque impossible à recevoir en grande quantité de la part d'un parent. Car ce parent aurait d'abord dû avoir l'intelligence émotionnelle et le courage d'aller en thérapie réparer ses propres blessures avec *ses* parents, ou avoir été élevé par des parents sains. C'est rare. Ce petit lait de reconnaissance de notre propre être nous est rarement administré dès la naissance. C'est pourquoi nous nous transformons en petit animal de cirque, en chien savant qui tente par tous les moyens de performer pour obtenir ce délice. Alors longtemps dans nos relations nous referons les mêmes gestes, reproduirons les mêmes schémas, répéterons les mêmes paroles pour imiter ce qui peut-être nous validerait. Mais c'est peine perdue, cette quête est la mauvaise. Parce que même si enfin les eaux se séparaient et notre père apparaissait, et de sa voix de puissance suprême nous donnait son approbation et faisait trembler les cieux en disant: « Mon enfant, je t'aime et tu es parfait comme tu es », le résultat serait le même: on ne peut toujours pas épouser son père! Donc, c'est un amour cul-de-sac. Il ne faut pas essayer d'aller chercher en d'autres hommes la forme d'amour que nous aurions voulue de notre père. Il vaut mieux aller en thérapie parler de tout ça et défaire le sac de nœuds. Sans bien sûr tomber amoureux du psy.

28
Se réparer et se préparer

J'avais 25 ans la première fois que quelqu'un a compris quand je parlais. L'homme sous le petit pont, il comprenait mes mots. Son rapport à la vie était ce que je cherchais. Mon Dieu que j'avais cherché partout où il ne fallait pas. J'avais une liste bien superficielle de ce qui me plaisait chez un homme. De ce qu'un partenaire devait avoir pour faire de moi quelqu'un. Saperlipopette que c'était des mauvaises raisons. Finalement l'homme que je cherchais n'avait pas de permis de conduire, pas de cellulaire, se foutait du linge qu'il choisissait, il étudiait une matière qu'il aimait sans trop savoir ce qu'il en ferait et il habitait en colocation avec ses meilleurs amis. Il n'avait rien de ce que l'on enseigne aux filles à chercher. Pas de grosse voiture, pas de carte d'affaires, pas de bureau dans une tour... Vous allez me dire que j'ai regardé trop de comédies romantiques des années 1980 si je pensais que c'était ce que je devais chercher chez un homme. Mais tout cela était bien inconscient. Et répandu ! Combien d'hommes sentent encore la pression d'être « le gars en complet-cravate » ? Le gars qui fait du cash, qui a une grosse job et qui est habillé « tendance » pour pouvoir séduire une femme ? On le sort pas d'un chapeau ! Ça doit bien être parce que consciemment ou pas, y a un paquet de filles qui pensent que c'est ce qui fait un bon partenaire !

J'avais vu *Sex and the City* comme tout le monde. Quelle erreur. J'avais suivi les histoires de ces célibataires new-yorkaises qui ont juste des raisons superficielles de tomber amoureuses et qui glorifient des relations toxiques en pensant que c'est cool. Mais puisque l'homme du pont n'avait rien des clichés commerciaux que l'on m'avait fait avaler depuis l'enfance, comment avais-je fait pour reconnaître en lui ce dont j'avais vitalement besoin ? Eh bien, je m'étais réparée et préparée. En thérapie, à force de sortir la vérité sur mon passé, mon rapport à l'amour depuis l'enfance, en parlant longuement de la douleur que je ressentais d'avoir vécu cinq ans avec un homme jaloux et possessif, en apprenant peu à peu qui j'étais, j'avais fini par me trouver. Sortez ballons et confettis, j'avais réussi. J'étais parvenue à installer la base nécessaire de mon être et de mon propre langage. Je m'étais assez découverte pour savoir me retrouver si je me perdais. Ça, personne ne pourrait désormais me l'enlever.

Même si jusque-là j'avais grandi en m'adaptant à la terre entière, même si j'avais changé de style dix mille fois, changé d'amis, d'école et de pays. Même si j'étais parfois devenue si fausse et superficielle, tentant par tous les moyens d'être la version de moi qui plairait le plus. Après toutes ces années à tisser de l'intimité avec moi-même en thérapie, j'y étais enfin parvenue : je me connaissais. J'avais atteint le tout premier objectif de ma thérapie. (Fait amusant : une fois que tu atteins ton but, y en a mille nouveaux qui apparaissent. J'y reviendrai dans les 25 prochains livres.) Je savais désormais me respecter, je ne changerais plus pour l'autre. C'est comme ça que j'ai fait pour reconnaître l'amour quand il s'est pointé sous le petit pont. Parce que je le connaissais déjà en moi. J'éprouvais de l'amour pour moi-même. Je savais désormais ce qu'était l'amour. Ou, du moins, je savais distinguer ce qui n'en était pas. Cette drogue, cette superficialité, ce high qui ne faisait que satisfaire temporairement des pulsions. Ça n'était pas de l'amour. Cette quête de validation constante, ça n'était pas non plus de l'amour. Non, à présent, je me sentais différente.

29
L'abysse ne fait pas le moine

Attendez, j'ai dit que je me sentais différente, mais je me sentais pas forcément mieux ! Maintenant que je m'éloignais de tout ce que je pensais que j'étais, de tout ce que je connaissais, j'avais devant moi l'amour, mais tout mon être criait. C'est simple : j'étais terrifiée. Aller vers la nouveauté, mais quelle horreur. Chaque fois c'est pareil. Tu as un rêve. Tu travailles pour l'atteindre, tu détruis l'ancien modèle d'habitudes qui ne t'amenaient pas de résultats. Naissent de nouvelles pratiques, une autre manière d'être, et là tu te dis : « Ça y est, j'ai enfin fini, je suis arrivée, regardez-moi tout le monde, j'ai gravi cette montagne ! Vive moi ! » Et puis, qu'est-ce qui apparaît devant toi ? Une autre putain de montagne.

Vivre sur un plateau, c'est cool dix minutes. Tu regardes la vue, tu cueilles quelques edelweiss, tu t'en fais une couronne, tu regardes les misérables mortels encore en train de gravir la montagne que toi, déesse des déesses, tu as réussi à gravir… Et puis, tu te mets à t'emmerder. Ah, non. Il va me falloir un nouveau défi. C'est cool cette couronne de fleurs, mais elle commence à faner et je ne vais pas passer le reste de ma vie assise ici… Donc, je vais devoir affronter les prochaines étapes.

La vie, zip, zoup, zap, ça bouge. Ça avance. On peut bien sûr devenir cadavre avant l'heure. Tenter de s'agripper au temps comme un chat qui ne veut pas prendre son bain, mais c'est un combat perdu d'avance. Donc, un conseil : fais tes deuils et marche.

Aaaah, oui, si simple à dire. Surtout a posteriori, quand tu regardes les instants de ta vie où tu as avancé. Pas ceux juste avant où tu étais en petite boule en train de bouder et/ou de te maudire et/ou d'être pétrifiée.

Donc, figée face à l'amour étais-je. Mais quelle sotte d'avoir cherché une relation épanouissante et un couple dans lequel nous nous traiterions d'égal à égale ! Je ne sais pas du tout comment faire ça. J'ai absolument aucune idée de l'amoureuse que je suis si je ne suis pas une fille qui répond à une commande. Mais comment je vais devenir autre chose en couple qu'une fille superficielle qui essaie juste d'avoir bon ? OK, je sais être autrement quand je suis chez moi en croupissant avec mon chat, ou en séance avec mon psy, mais en couple ? Me respecter devant un homme que j'aime ? C'est de la folie. Cette montagne-là est trop haute à gravir. Ce gars-là se fout des apparences, ma vie jusque-là n'a pratiquement été que ça. Mais pourtant, je suis très attirée par lui et mon esprit, mon corps, mon âme, mon cœur disent : Vas-y, avance. Mon ego par contre hurle : Tu es cinglée. Va chercher tout ce qu'il te faut pour être bien cokée à la validation extérieure. Achète-toi le bon linge, fais tes cheveux, va dans un restaurant où on te regardera, fais-toi admirer par des hommes qui te trouvent belle. Là, tu auras bon. Tu seras quelqu'un.

Notre ego est un enfant de 4 ans qui veut de l'attention. Il veut des bonbons et ne manger que ça. Oui, c'est beau, c'est bon les friandises, mais essaie de te nourrir seulement de bonbons une semaine, dis-moi si t'aimes ta vie après. Les maudites satisfactions instantanées qui font rouler l'économie et peut-être 90 % des entreprises de notre monde sont bien le fun, mais ça fait pas des enfants forts. Parce qu'un high, ça s'évapore. Et après, t'es pogné à aller t'en chercher un autre. Et un autre et encore un, pis ça finit plus. Alors un petit bonbon de temps en temps, des trucs que tu fais pour les likes, cool, mais ça bâtit pas grand-chose. Et pendant que tu te drogues aux bonbons, c'est plate mais t'es pas en train d'apprendre à cuisiner. À te nourrir pour de vrai. Sur le long terme. C'est assez simple à vérifier si t'es en train de faire des trucs qui sont plus des drogues que de la nourriture : avec les drogues, on se sent comme de la merde après. Ce qui nous nourrit c'est plus dur à démarrer et à apprendre, mais plus exquis sur le long terme. Les drogues, c'est l'inverse. Elles donnent une dose superficielle et immédiate très facilement, puis ont un long effet qui nous fait mal après. Et que l'on paye.

C'est aussi comme ça, j'imagine, que je savais que je vivais quelque chose d'important : je voulais changer. Ne plus jamais être dans une relation où je me perdais. J'avais rêvé de bâtir un lien qui me ferait grandir. Mais la vérité c'est que je ne savais absolument pas comment être dans ce lien. Alors le résultat, c'est que j'étais chiante.

30
Les yeux de l'amour

Faire un effort : ouach. Je veux tout, tout de suite et facilement, mais je veux aussi me plaindre quand ça ne provoque rien de satisfaisant. Je veux bâtir du long terme riche et rassasiant, mais aisément, limite qu'on le fasse à ma place.

Ouais, bonne chance. Ou alors ayez une horde de domestiques. Mais encore là, à force d'avoir plein de gens qui accomplissent notre besogne, on finit par s'ennuyer. Par boire pour oublier qu'au fond on ne sert à rien, par devenir une de ces femmes riches qui sirotent le midi en terrasse et chignent que le garçon leur a rempli leur verre avec la mauvaise eau minérale. La dépression d'oisiveté n'est pas mieux que les autres et elle nous fait friper comme la petite peau du lait chaud. Mieux vaut être dans l'action, quitte à se tromper. Quitte à faire n'importe quoi, du moins au départ. Et c'est exactement ce que je faisais. N'importe quoi. J'essayais tantôt de faire fuir mon nouvel homme, tantôt de le tester pour vérifier que j'étais bien libre, tantôt de le séduire maladroitement en lui démontrant que j'avais été avec d'autres hommes. Mon Dieu, quelle chance qu'il ait été patient. Il aurait pu partir cent fois, mais on dit que l'amour rend aveugle, je crois plutôt que l'amour fait mieux voir. L'amour nous donne la bonne paire d'yeux. Pour voir sans le bruit, sans la statique autour de quelqu'un, sans tout ce qui nuit au message. L'amour nous fait connaître l'autre, réellement le connaître. C'est pour ça que l'on reste.

Ma meilleure amie, avancée dans la trentaine, me demande humblement si elle a déjà été méchante avec moi. Bien sûr qu'elle l'a déjà été. Elle est en train de reconnaître un de ses mécanismes de défense. Qu'elle voit maintenant dans sa fille et qui l'inquiète. C'est drôle parce que plusieurs années avant qu'elle soit mère, alors que je l'étais déjà, je me souviens qu'elle avait hâte d'avoir des enfants et m'avait dit : « T'imagines ? Un jour il y aura des petits êtres qui nous ressemblent à moi et mon mari ! » Je m'étais dit « t'as l'air de penser que c'est une bonne nouvelle ».

Les enfants ne prennent pas juste ce qu'on aime de nous. Ils prennent le reste aussi ! Tout ce qu'on gère mal. Tout ce qu'on ne voit pas, tous les traits de personnalité que l'on déteste en nous, en plus de ceux que l'on hait chez l'autre ! Mais c'est comme ça qu'ils nous font grandir. Qu'ils nous amènent à nous dépasser, à prendre conscience de mécanismes enfouis depuis des lustres. Alors que mon amie se rend compte qu'elle est parfois méchante ou dans la provocation pour se défendre, je constate que je l'ai vue agir ainsi avec des gens qu'elle aime et obtenir parfois ce qu'elle voulait, mais que moi ça ne m'affectait pas. C'est curieux, elle devenait aussi cruelle avec moi, et bien que ça me griffait, je m'en foutais presque. Je savais que ce comportement n'était pas ce qu'elle était vraiment. Que c'était un mécanisme qu'elle avait appris pour se protéger. Mais que si sa souffrance disparaissait, ce réflexe de protection fondrait comme neige au soleil. Alors, sans le savoir, j'attendais. C'est ce qui me fait dire que ma copine, depuis l'enfance, je la voyais vraiment. J'avais les bons yeux pour le faire. Ceux du cœur.

Mon tout nouveau chum me voyait aussi comme ça. Il était curieux de me découvrir, même si je lui faisais mal, même si je me débattais, même si j'avais peur et que je voulais saboter tout mon bonheur. Il ne partait pas, parce qu'il m'aimait. Mais ne poussez pas votre luck, il y a aussi des limites à l'amour.

« Les amis sont des gens qui vous donnent des nouvelles de vous. » Ma meilleure amie m'avait un jour donné cette carte postale. Je l'avais beaucoup aimée et j'avais rajouté à la blague : l'ennui c'est que ces nouvelles ne sont pas toujours bonnes. Il y a des comportements qui nuisent à notre capacité d'aimer. Nos grands amis sont les mieux placés pour le voir. Ces êtres de qui l'on chérit le point de vue. Ils sont en mesure de nous renseigner sur nos angles morts. Personne ne raffole de se faire remettre en pleine face ses traits de caractère qui gossent. Mais parfois, c'est ainsi que les amis peuvent nous sauver la vie. Ne pas nous laisser détruire ce qui est important et qu'on abîme inconsciemment. Ou parce qu'on ne sait pas agir autrement. Que personne ne nous l'a appris. Il y a un temps pour changer de comportements, souvent c'est quand on est rendu au stade où ça nous fait assez mal. Quand notre seuil de tolérance a été atteint, que l'on ne peut plus supporter une situation, que le cancer se développe et que l'on voit la mort qui approche, alors on change. L'amour est fort parce qu'il résiste, mais il est aussi fragile parce qu'il faut s'en occuper. Lui donner les conditions pour qu'il s'épanouisse et se perpétue. Il faut faire attention à ce qui lui nuit. Même lorsque l'amour est encore là, le lien, lui, peut se briser. Le pont que l'on tisse entre nous et les autres, ces êtres qui font nos vies, peut être parsemé d'embûches, il peut être encombré de mensonges, de chicanes, de toute la lourdeur des responsabilités d'une vie, mais tout cela se nettoie. Quand on se donne du temps pour se parler, s'expliquer, quand on s'organise des week-ends, des sorties loin de la pesanteur de la routine ou du travail, on entretient le lien. On remet des bûches à notre amour, on lui offre de l'oxygène.

Mais il arrive aussi que l'on ait donné trop de coups de hache dans le pont. Il se peut que par peur, par réflexe d'auto-sabotage ou par manque de compréhension de l'importance et de la rareté de ce que l'on a, on magane le lien au point où il se brise. Bien sûr, les ponts se réparent. Ils se patchent. Bien sûr, les plaies se pansent, elles cicatrisent. Mais il faut faire bien attention à l'amour. Il est vital. Il mérite toute notre attention, il est ce qui fait l'entière différence d'une vie. Rien n'est plus nécessaire au bonheur. Les liens profonds d'intimité que l'on tisse sont la plus grande richesse que l'on possède. Il faut valoriser cette réalité, s'en souvenir, puis se méfier de ce qui la pollue.

Oui, l'amour rend plus tolérant. Oui, nous occupons aussi des places importantes dans la vie des autres et ces places ne peuvent pas être (trop) tenues pour acquises. Franchir certaines limites sera parfois toléré puis pardonné, mais il faudra surveiller que les trahisons, les mensonges, les coups d'orgueil, le contrôle, la jalousie, l'égoïsme ne fatiguent pas trop l'autre. Vous serez excusé quelques fois. Mais il y a des limites. Ne perdez pas ceux qui vous aiment pour des niaiseries. Pilez sur votre orgueil et gérez-vous.

31
Le courage des gens bons

Rester gentil, être quelqu'un de bon, c'est fou comme ça peut paraître niais. Comme si c'était une faiblesse de ne pas être celui du groupe qui montre les dents. Les personnalités de requin sont tellement admirées. Parce que dans notre monde, la loi de la jungle stupide et archaïque, cette conception complètement inintéressante de la vie qui voudrait que le plus fort soit le mieux, prime encore et partout. Pourtant, quelle manière idiote de fonctionner. Quelle façon barbare de valoriser la force bête sans protéger ce qui est fragile. Rien n'est plus con en fait. Il suffit de se battre, et celui qui ne meurt pas gagne. Fin. J'en roule des yeux tellement c'est ennuyeux.

Quel instinct primaire et dépassé. Je tombe toujours en bas de ma chaise quand je vois à quel point, par exemple, on valorise encore les mafieux. Comment les articles de journaux, les livres, les films, les documentaires en font des sagas familiales pleines d'importance. On s'amuse à romancer ces personnages qui en fait devraient être perçus comme la lie de la société. Avec rien d'attachant ni d'impressionnant. Ça reste des bandits qui n'ont tout simplement pas su s'insérer dans le monde autrement que par la loi territoriale du plus fort. Je ne comprends pas pourquoi on appelle ces chats des lions.

Parce qu'au fond, voilà bien ce qu'elle est, cette loi abrutie de la violence, de l'agressivité et de la force : faible et paresseuse. Il est beaucoup plus difficile d'être honnête. Tellement plus méritant de dire et d'agir selon la vérité. Tellement plus courageux de ne pas obtenir sottement ce que l'on veut par la force. Plus j'avance, plus je réalise à quel point les humains qui savent rester gentils, malgré toute la souffrance et la tristesse que nous refilent les années, sont les réels héros de notre planète. Ceux qui continuent d'aider, de servir, de sourire, d'accomplir, d'aimer en dépit de toutes les claques qu'ils mangent. Ceux qui savent se relever sans faire payer les autres. Sans prendre leur malheur comme un devoir de vengeance. Sans devenir populiste. Ceux qui savent pleurer et se relever, qui ont la force de rester bons et gentils au-delà des épreuves, sont les vrais braves. Ce sont eux, les forts. Ceux qui ne veulent pas tout détruire simplement parce qu'ils ont eu mal, ceux qui ne veulent pas anéantir les gens autour d'eux pour ne plus ressentir leur propre douleur, ceux-là, les gentils, méritent la palme. On ne la leur donne pas assez.

32
Les silences de ma mère

Devenir plein d'amour, c'est réussir à faire la paix avec son passé. C'est accepter les limites de chacun et avoir de l'empathie pour leur histoire. Souffrir nous rend égoïstes. Absorbés dans nos mécanismes de défense, on ne voit plus les autres. Notre détresse et les moyens que l'on trouve pour la cacher, l'oublier ou la noyer dictent notre vie. Il nous arrive d'être tellement figés dans le brouillard qu'il nous est impossible de percevoir autre chose. Incapables de se sortir de ce mal-être, ou de dépasser une blessure occasionnée par autrui, on reste prisonniers et le temps passe. Les années qui filent emportent avec elles les possibilités de liens, avec soi et les autres. Enfermés dans une rancune, amers ou tristes de ce que l'on pense que notre passé aurait dû être, on se prive de son histoire et de ce qui existe maintenant. J'en ai longtemps voulu à ma mère de ne pas avoir su saisir l'entièreté de mon être à l'époque où je grandissais. Maintenant adulte et guérie, je sais qu'elle n'avait pas que ça à faire. Les enfants pensent que la vie tourne autour d'eux. Et longtemps, je suis restée coincée dans la colère. Dans cet idéal que je portais de ce que la relation avec mes parents aurait dû être.

Grandir, c'est comprendre les limites de chaque génération. C'est regarder nos parents avec le chemin qu'ils ont parcouru et porter un peu plus loin cette cause. Mon père trimballait en lui, par ses ancêtres juifs, de la musique. Elle a vécu, mais s'est tue. Il l'avait en lui, mais seulement du bout des doigts. Sachant jouer juste assez pour que l'on ait un piano à la maison et la transmettre à ma sœur qui, par lui, aura reçu tous les gènes musicaux de la famille au point de faire fleurir une grande carrière.

Ma mère avait les mots, mais on les lui a enlevés. Emmurée à plusieurs reprises dans des événements traumatisants et dans un silence que lui imposaient les circonstances et la réalité de son milieu rural, elle aura appris à se taire. À ne rien dire, dans une famille nombreuse où la besogne ne manquait pas et où l'unicité individuelle n'avait tout simplement pas sa place. Exprimer son être, sa personnalité, son langage était impossible. Je pense qu'en faisant des mots mon métier, je réalise aussi le souhait secret de ma mère qui n'a pas toujours pu parler.

Nous sommes le fruit d'environnements qui favorisent ou non ce que nous sommes. Et forts des combats inconscients de nos ancêtres, nous reprenons ces causes et les faisons à notre tour pousser comme des branches qui s'étirent dans le temps. Qui se déploient une vie après l'autre. Nous possédons les écueils des échecs de ceux qui passent avant nous. Les murmures de leurs vies nous accompagnent, nous héritons de bourgeons et récoltons des fruits semés il y a parfois des générations.

Nos parents ont des limites qu'il est impératif de reconnaître pour laisser aller ce que l'on aurait voulu. S'accrocher à des idéaux qui sont morts est la meilleure manière de se priver de tout l'amour qui est dans nos vies et que l'on s'entête à ne pas voir. Mes mots auront germé dans les silences de ma mère.

33
Tous nos deuils

Il n'y a que ça, des deuils. Des deuils que l'on fait bien ou mal, que l'on oublie de faire, que l'on refuse de traverser. Il paraît que l'on gagne en sagesse ce que l'on perd en jeunesse. J'espère que c'est vrai. Ça serait chouette aussi de pouvoir gagner en sagesse sans perdre sa jeunesse. Je veux bien être sage avec ma peau de 25 ans, s'il vous plaît. J'aimerais gagner en expérience sans que la gravité insiste pour attirer ma poitrine, mon ventre, mes joues vers le sol. Mais j'ai l'impression que c'est pas dans le contrat.

Je suis chez l'ostéopathe, elle me manipule l'épaule que j'ai abîmée en refusant de changer de sein pour allaiter mon troisième enfant. J'avais à l'époque cédé à la paresse. Ce que bien sûr j'ai payé plus tard, comme chaque fois que la flemme s'empare de nous. Il faut bien passer un jour à la caisse. Rendue à mon dernier enfant, j'avais averti tout le monde que je ne me lèverais plus jamais parce qu'un bébé pleure. J'avais prévenu mon mari : je vais dormir avec notre fille tant et aussi longtemps que ce bébé aura besoin de boire. Alors au moindre petit son qu'elle faisait, couchée à côté d'elle, je l'allaitais. L'ennui c'est que je ne sais allaiter couchée que d'un seul sein. Alors non seulement je créais un déséquilibre dans mes montées de lait et finissais avec un énorme sein qui pensait qu'il devait constamment fournir, mais en plus le poids que je mettais sur mon épaule à force de toujours dormir dessus me blessait chaque jour un peu plus.

Au moins, je faisais ce que je m'étais promis : ne plus jamais me lever la nuit, au point de me disloquer l'épaule.

L'ostéopathe manipule mon corps. J'ai les yeux fermés et je me mets à voyager mentalement dans une sorte d'état entre le conscient et l'inconscient. Ça me fait l'effet d'une méditation où à mesure que les tensions de mon corps se relâchent et les nœuds musculaires se défont, on dirait que des couches de souffrance émotive partent avec. En toute confiance, je me laisse aller à la chaleur des massages qu'elle me fait, et des images de mes bébés me remontent à l'esprit. Je me revois lovée contre leurs petits corps et devoir les bercer, et bercer et bercer encore. Je sens combien je les ai tenus contre moi et j'en pleure. Les larmes me viennent et se mettent à couler et ça ne me gêne pas parce qu'après des années de thérapie, je sais que ça ne sert à rien de retenir nos sanglots. Il n'y a pas de honte à chialer. Il n'existe pas vraiment de bon ou de mauvais moment pour le faire, même si on préfère tous être dans un cocon loin du monde quand la tristesse remonte, mais bon, là dans le bureau d'une professionnelle, même si je ressens un peu d'embarras naturel, je ferais mieux de laisser les vagues d'émotion me traverser. Ça sera ça de fait et, d'expérience, je sais que libérer l'émotion accélère le processus de guérison.

Ce sont mes bébés que je ne voulais pas laisser aller. Cette épaule m'a fait mal longtemps. Rester dans la souffrance, refuser de me faire soigner, c'était aussi m'agripper à ce que je connaissais. Cette douleur me rattachait à l'allaitement, une période si intime de la vie de mes enfants. Le temps qui passe est cruel et il est si visible sur nos enfants. Un instant nous les portons en nous, et ils s'éloignent ensuite un peu chaque jour. Qui veut abandonner ces instants en or? Qui aime faire le deuil de ce qui passe, de ces petits êtres potelés que nous tenons deux minutes et qui sont si vite adultes? De cette version si petite de ces êtres que nous aimons plus que tout? Personne ne veut subir ces deuils. Mais heureusement, nous avons mal. Une épaule dont on ne peut plus se servir est embêtante. Surtout quand il nous reste un bon cinquante ans à vivre.

Je n'aurai plus jamais de bébés. Ils sont grands maintenant. Ces années sont passées et j'aurais beau vouloir garder mes bébés sous forme de tensions noueuses recroquevillées dans mon épaule, ça ne me les ramènerait pas.

Faites vos deuils. Pleurez. Avec toute la tristesse accablante qui vient avec. Derrière, il y a une autre vie.

34
Et en avant la musique

J'ai encore la feuille sur laquelle il a noté les accords de guitare. Au lendemain de notre soirée sous le petit pont, je m'étais donné, comme excuse pour le revoir, une envie pressante d'apprendre de cet instrument. Ma sœur la musicienne m'en avait justement prêté une, et comme ce nouvel ami qui se transformerait bientôt en âme sœur savait en jouer, l'occasion était trop belle. « Je... Oui, il faudrait vraiment que j'apprenne la guitare... Tu m'invites chez toi ? Ah bien, j'arrive. »

En entrant dans son appartement, déserté par les colocs (car les bons amis feront ça pour vous), la tension était déjà trop forte pour mon petit cœur.

Ça faisait maintenant, quoi ? seize ans que j'attendais pour l'embrasser ? La plaisanterie avait assez duré. Si j'étais pour m'embarquer sur ce navire, mieux valait le faire d'un seul coup. J'allais me jeter sur lui après avoir dit bonjour, mais il s'est mis à me faire visiter l'appartement. C'était grand. Un de ces longs appartements montréalais qui dévoilent plein de pièces à mesure que l'on s'avance dans le couloir. C'était plus poli de suivre la visite, alors je me suis dit que j'attendrais. Rendu là, c'était quoi quelques minutes de plus après tout ce temps ? Il m'a servi à boire puis m'a invitée à passer au salon avec ma guitare. Ah oui, c'est vrai, ma guitare. C'est là qu'il m'a fait des petits dessins pour que je comprenne où placer mes doigts pour jouer les accords. J'assimilais strictement rien et avec ma carence en logique visuelle, j'avais l'impression que les cordes et les points d'accord qu'il dessinait étaient à l'envers. Alors il avait corrigé le papier pour que ça ait du sens dans ma tête, même si tout joueur de guitare constaterait que les accords n'étaient pas dans le bon sens.

Après tous ces efforts, détendus par nos vodka-orange, nous avions décidé de faire une pause. Il avait quitté son fauteuil et était venu s'asseoir à côté de moi. Doucement, comme un enfant devenu grand, il avait posé sur ma joue un baiser. Puis un autre. Mon cœur battait évidemment la chamade et enfin, j'avais osé tourner la tête vers lui et amorcer le reste de nos jours. En l'embrassant pour la toute première fois, j'avais laissé échapper un tout petit soupir amoureux. Comme un minuscule cri que je n'avais pas su retenir. Il m'avait eue. À cet instant, je savais qu'il serait désormais inutile de lutter. De vouloir jouer à la cool, à la fille au-dessus de ses affaires. À la poupée qui cache sa fragilité derrière son manteau de cuir. J'étais faite. Il serait futile de vouloir excessivement rationaliser, comprendre, contrôler, j'avais trop musclé mon cœur pour revenir en arrière. Il saurait pour toujours m'arracher le micro des mains et crier : Pierre Alexandre.

Remerciements

Je remercie d'abord Stéphane mon éditeur avec qui c'est un plaisir de travailler.

Merci à tous ceux qui m'ont appris l'amour : Georges, mes parents, mes amis intimes, mon frère et ma sœur.

Merci à Pierre sans qui mon cœur ne serait jamais le jardin qu'il est.

Merci aux trois des plus beaux fruits qu'il y a semés et que l'on voit mûrir chaque jour.

Je vous aime.

Tables des matières

La recette de l'amour a été achevé d'imprimer en février 2023
sur les presses de l'imprimerie HLN, au Québec, Canada,
pour le compte des Éditions Québec Amérique.